여행 영어 / 중국어 / 일본어

2판 1쇄 2019년 9월 1일

저   자 Mr. Sun 어학연구소
펴 낸 곳 OLD STAIRS
출판 등록 2008년 1월 10일 제313-2010-284호
이 메 일 oldstairs@daum.net

가격은 뒷면 표지 참조
ISBN 978-89-97221-60-8

이 책의 전부 또는 일부를 재사용하려면 반드시 OLD STAIRS의 동의를 받아야 합니다.
잘못 만들어진 책은 구매하신 서점에서 교환하여 드립니다.

맞춤형 여행 시리즈

1

여행 영중일 부문
판매 1위

English　Chinese　Japanese

+일상생활표현

여행
영/중/일

이 책 한 권이면 어디든 걱정 없이 갈 수 있습니다.

3개국어
272 문장
463 단어

OLD STAIRS

여행 영어 / 중국어 / 일본어

Table of contents

0 발음
국외 여행 노하우
국가별 주의사항
영·중·일 숫자 읽기

3 교통 & 길찾기
P 92–115

2 비행
P 86–91

4 호텔
P 116–141

1 일상회화
P 34–83

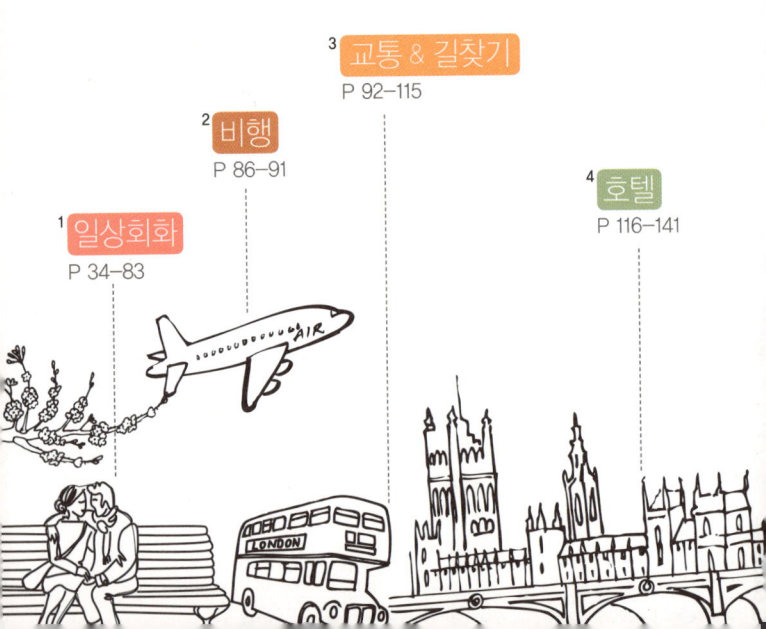

 English
 Chinese
 Japanese

5 식당 & 카페
P 144–181

6 쇼핑
P 182–199

7 관광
P 200–207

8 비상상황
P 208–217

발음
Pronunciation

 What is the Wi-Fi password?
왓 | 이즈 | 더 와이파ʰ이 | 패쓰워어ʳ드?

1 큰 글씨, 작은 글씨

큰 글씨는 크게, 작은 글씨는 작고 짧게 읽습니다.
- 작은 글씨는 목소리의 떨림을 사용하지 않는 무성음을 의미하기도 합니다.

ワイファイ の パスワード は 何 ですか?
와이화이 | 노 | 파스와ー도 | 와 | 난 | 데스카?

2 장음 기호

장음 기호 ' ー '가 붙은 글씨는 길게 읽습니다.
- 장음 기호는 일본어 발음 표기에만 사용됩니다.

Wi-Fi密码 是 什么?
와이화이 미 마 | 쓰ˇ | 션ˊ 머?

3 위첨자

위첨자 f, r, v 등의 알파벳은 무시하셔도 좋습니다.
만약 f, r, v 표시를 발음하고 싶다면,
다음의 차이를 연습해 주세요.
- 위첨자는 영어, 중국어 발음 표기에만 사용됩니다.

- **f** 파 윗입술과 아랫입술이 만나 소리를 냅니다.
  파ᶠ 윗입술 대신 **윗니**와 **아랫입술**이 만나 소리를 냅니다.

- **r** 라 혀끝이 **살짝 말릴 뿐**, 입천장에 닿지 않습니다.
  ʳ라 혀끝이 입천장 앞쪽에 **확실하게 닿습니다**.

- **v** 바 윗입술과 아랫입술이 만나 소리를 냅니다.
  바ᵛ 윗입술 대신 **윗니**와 **아랫입술**이 만나 소리를 냅니다.

국외여행
노하우

항공권 저렴하게 구매하기

환전 요령

면세점 쇼핑

짐 꾸리기

공항 이용 절차

출입국신고서 · 세관신고서

step 1
항공권 저렴하게 구매하기

여행비용 중 가장 큰 부분을 차지하는 것이
바로 항공권 구매비다.
어떻게 하면 이를 줄일 수 있는지,
얼리버드 방식과 땡처리 방식
이렇게 두 가지로 나누어 알아보자.

얼리버드 요금[Early bird fare]은 말 그대로 '일찍 일어나는 새를 위한 요금'
이라는 뜻이다. 이를 이용하기 위해서는 다음 세 가지의 조건이 필요하다.

1. 여행 일정을 미리 확정한다. 짧게는 3개월에서 길게는 1년 전에 표를 구매해야 한다. 그리고 보통은 환불이나 날짜 변경도 불가능하다. 운이 좋아야 신청을 통해 세금을 돌려받을 수 있는 정도다. 그러니 언제 휴가를 낼 수 있을지 알지 못하는 보통의 직장인에게는 그림의 떡인 경우가 많다.

2. 얼리버드 요금제를 이용하기 위해서는, 보통 여행사나 항공권 판매 업체가 아닌 항공사 사이트에 직접 접속해야 한다. 만약 외국 항공사인 경우 영어로 된 홈페이지에서 예약을 진행해야 하는 불편을 감수해야 한다.

3. 얼리버드 요금은 싼 가격에 나올수록 빨리 매진된다. 따라서 여행 계획이 섰다면 자주 접속해 얼리버드 프로모션 여부를 확인해야 한다. 항공사 사이트에서 프로모션 메일링 서비스가 있는 경우 이를 신청하는 것도 좋은 방법.

땡처리 요금은 말 그대로 팔다 남은 항공권을 버리느니 싼값에 판매하는 것을 뜻한다. 그런데 여기서 팔다 남은 항공권이라는 개념은 항공사가 아니라 여행사나 항공권 판매업체에 해당하는 것이다. 여행사들은 항공사로부터 할인을 받는 조건으로 수십장의 표를 한 번에 사두는데, 이때 미처 다 팔지 못한 표를 땡처리로 내놓는 것이다. 따라서 당연히 항공사 사이트가 아닌 여행사나 항공권 판매 사이트에서 이러한 요금을 발견해야 한다. 땡처리 요금제를 이용하기 위해서는 다음 두 가지의 조건이 필요하다.

1. 당장 내일이라도 떠날 준비가 되어 있어야 한다. 이는 함께 여행할 동반자에게도 마찬가지다. 땡처리 요금으로 구입한 항공권은 운이 좋아야 3일 후 출발이고, 보통 내일 출발이 주를 이룬다.

2. 땡처리를 주로 하는 항공권 판매업체 서너 개는 알고 있어야 한다. 다시 한 번 말하지만, 땡처리는 항공사에서 하는 것이 아니다.

step 2
환전 요령

환전은 단순히 현금과 현금을 교환하는 것이 아니다.
환전에는 여러 가지 방법이 있고, 고려해야 할 사항도 많다.
현금, 여행자수표, 신용카드, 현금카드 순으로 장단점을 비교해 보자.

현금

우리나라에서 현금을 환전해서 출국할 때, 유럽은 유로화, 일본은 엔화, 중국은 위안화로 바꿔서 나가면 된다. 그러나 이 외의 국가들은 일단 달러화로 바꾸어 출국한 후 현지에서 다시 환전하는 것이 유리할 수 있으므로 국가별로 잘 비교해 보아야 한다. 어느 나라 통화로 환전하든지 관계없이 합법적으로 은행에서 환전한다면 은행 측에서는 환전수수료와 중간이윤 이렇게 두 가지를 취하게 된다. 예를 들어 기준 환율이 1,000원이라면 가격은 다음과 같은 식이다.

수수료와 중간이윤을 포함한 가격 : 1,040원
수수료를 포함한 가격 : 1,020원
기준 환율 : 1,000원

결국, 1,000원짜리 외국환을 1,040원에 사는 꼴이다. 주거래 은행에서 환전을 하면 중간이윤을 조금 할인해주는 경우가 있는데, 50%를 할인 받더라도 수수료는 그대로이므로 1,030원에 외국환을 사게 된다. 수수료와 중간이윤은 은행마다 조금씩 다르다. 무엇보다 가장 중요한 것은 공항에 가기 전 미리 환전해 두는 것이다. 인천공항에 여러 은행에서 설치한 환전소가 있지만, 편리한 만큼 수수료가 전국에서 가장 비싸다.

현금은 그 어떤 결제수단보다 편리하지만, 도난의 우려가 크다.
따라서 보안성이 떨어지는 것이 단점이다.

여행자 수표

여행자수표는 현금 대신 수표로 환전하는 방식이다. 살 때와 팔 때 모두 현금 환전보다 수수료가 적게 들기 때문에 가장 경제적인 선택이라 할 수 있다. 또한, 사용 시 서명이 필요하므로 도난 시에도 구제받을 수 있다는 장점이 있다. 그러나 그만큼 불편함이 따른다. 해당 국가에 여행자 수표를 취급하는지도 알아봐야 하고, 또 여행자수표 발행업체에 직접 가서 환전하지 않으면 추가 수수료가 발생하므로 번거롭다. 여행지 호텔에서 직접 여행자수표를 취급하는 경우도 있는데 이 경우 숙박비용을 여행자 수표로 환전해가는 것은 가장 합리적인 선택이 될 것이다.

신용카드

신용카드는 가장 편리하지만 가장 비용이 많이 든다. 기본적으로 은행보다 카드사의 환전 수수료가 비싼 데다가, 중간이윤 할인도 불가능하기 때문이다. 게다가 여행지에서 얼마를 썼는지 계산하기도 힘들고, 사용 시점이 아닌 결제 시점의 환율에 의해 결제금액이 결정되므로 여행 경비가 얼마가 될지 예상도 불가능하다. 돈은 많고 시간은 아까운 부자들에게는 최고의 선택.

시티은행 현금카드

시티은행에서 통장을 개설해 일정 금액을 넣어두고, 현지 은행에 가서 카드로 찾아 쓰는 방식이다. 현금카드는 현금 환전만큼 경제적이지도 않고 신용카드만큼 편리하지도 않지만, 뜻밖에 유용한 환전수단이 될 수 있다. 왜냐하면, 현금에 비해 분실이나 도난의 우려가 적으면서도, 신용카드보다 경제적이기 때문이다. 현금카드 중에서도 시티은행의 현금카드를 구체적으로 명시한 데는 이유가 있다. 세계 어느 나라에서나 시티은행 현금지급기를 찾기 쉬우며, 수수료가 저렴하기 때문이다. 통상 현금 환전보다 인출 시 회당 1달러 정도의 수수료를 예상하면 된다. 체류 기간이 길거나 여행 경비를 많이 가져갈 생각이라면 가장 좋은 선택이 될 것이다.

step 3
면세점 쇼핑

면세점 쇼핑은 여행에서 빼놓을 수 없는 즐거움이다.
여기서 즐거움이란 보다 싼 가격에 갖고 싶은 물건을 구매하는 것이므로
어떻게 하면 더 경제적으로 쇼핑할 수 있는지 생각해 보자.

인터넷 면세점
(출국 전)

사고자 하는 물품이 확실하다면, 적립금이나 쿠폰, 할인 혜택이 가장 많은 인터넷 면세점을 활용하는 것이 좋다. 상품 및 가격 비교가 쉽고, 결제 후 출국 시 공항에서 픽업만 하면 되기 때문에 여유롭게 체크인을 할 수 있다. (단, 명품은 인터넷 면세점 품목에서 제외되는 경우가 많으니 시내 면세점이나 공항 면세점과 같은 오프라인 면세점을 이용하는 것이 좋다)

시내 면세점
(출국 전)

그래도 제품을 직접 착용해보고, 만져보고 싶다면 인터넷 면세점과 비슷한 할인 혜택을 제공하는 시내 면세점을 이용하자. 시내 면세점은 공항처럼 여러 면세점 브랜드가 한곳에 모여 있지는 않지만, 하나의 면세점 브랜드 내에서 구매 실적이 오를수록 할인 혜택이 늘어나기 때문에 가장 저렴한 면세점이라 할 수 있다. 시내 면세점은 도심 속 백화점, 혹은 호텔 등에 있지만, 면세점이기 때문에 물건을 사려면 꼭 여권과 항공권을 소지해야 한다. 그리고 구매한 물품은 인터넷 면세점과 동일한 방식으로 공항에서 출국 시 교환권을 제출하고 픽업하면 된다. 때에 따라 다르지만, 가장 저렴하게 구매할 수 있으며, 비행기 탑승 시간에 구애받지 않고 편하게 쇼핑할 수 있다는 점에서 가장 추천하고 싶은 면세점 이용 방법이 되겠다.

공항 면세점
(출국 시)

하지만, 이 모든 과정이 복잡하고 어렵게 느껴진다면, 공항 면세점을 이용하는 것이 좋다. 물품들을 직접 만져보고 비교할 수 있으며, 결제 후 상품을 바로 받아 볼 수 있어서 확실하고 편리하다. 비행기 탑승 전까지 시간이 남는다면, 공항 면세점을 둘러보자.

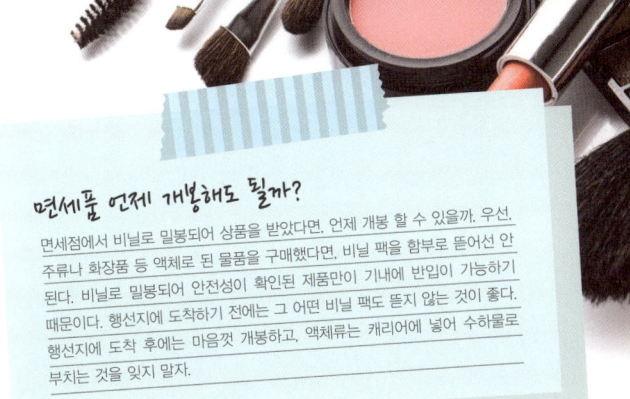

면세품 언제 개봉해도 될까?

면세점에서 비닐로 밀봉되어 상품을 받았다면, 언제 개봉 할 수 있을까. 우선, 주류나 화장품 등 액체로 된 물품을 구매했다면, 비닐 팩을 함부로 뜯어선 안 된다. 비닐로 밀봉되어 안전성이 확인된 제품만이 기내에 반입이 가능하기 때문이다. 행선지에 도착하기 전에는 그 어떤 비닐 팩도 뜯지 않는 것이 좋다. 행선지에 도착 후에는 마음껏 개봉하고, 액체류는 캐리어에 넣어 수하물로 부치는 것을 잊지 말자.

기내 면세품
(출국 시)
(입국 시)

출국 시 면세품을 받아볼 때는 좋지만, 여행 동안 휴대해야 하는 불편함을 느껴본 적 있을 것이다. 이 때문에 여행을 마치고 돌아오는 비행기에서 기내 면세품을 구매하는 경우가 있다. 비록, 기내 면세 품목이 다양하지 않으며, 실물을 직접 볼 수 없다는 단점이 있으나, 국적기일 경우 인터넷으로 선결제 후 출국편/귀국편에서 물품을 받아볼 수도 있기 때문에 매우 유용하다. 주의할 점은 결제 수단은 신용카드와 현금만을 지원한다는 점이다. (직불카드/체크카드 불가)

TIP 저가 항공사일수록 면세품은 비싸게 판매하고, 국적기와 같은 비싼 항공사의 경우 면세품은 싸게 판매한다.

입국장 면세점
(입국 시)

최근 면세품을 여행 기간 내내 들고 다녀야 하는 번거로움을 해소하기 위해 입국장 면세점이 영업을 시작했다. 입국 심사를 마치고 수하물을 찾는 곳에서 입국장 면세점을 쉽게 찾을 수 있다. 그러나 면세 품목은 대부분 국산품으로 매우 제한적이며 다른 면세점과 가격 경쟁에서도 밀린다. 하지만, 도입된 지 얼마 안 된 만큼, 경과 사항을 지켜볼 필요가 있다.

step 4
짐 꾸리기

무거운 짐을 이끌고 돌아다니고 싶은 사람은 없다. 되도록이면 모든 짐들을 위탁 수하물로 부치고 체크인하는 것이 좋다. 하지만 수하물의 무게가 규정을 초과하게 되면 매우 비싼 초과운임을 지불해야 하니, 주의해서 짐을 꾸리자.

수하물의 무게와 크기에 대한 규정은 항공사별로 다르다. 항공사, 좌석 등급, 비행 거리에 따라 규정 범위가 달라질 수 있으니, 짐을 꾸리기 전에 티켓이나 항공사의 홈페이지·이메일·전화를 이용해 확인하자.

위탁 수하물

맡기는 짐

비행기 탑승 전에
따로 짐을 부치는 것을 말한다.

일반적으로 무거운 짐,
부피가 큰 짐,
그리고 기내 반입 불가능한
액체류, 도검류 등을 넣는다.

반입 불가

1. 무거운 짐

2. 부피가 큰 짐

3. 액체류 및 도검류

기내 수하물
들고 타는 짐

비행기에 들고 탑승하는 짐이다.

일반적으로 여권과 현금, 전자기기 및 보조배터리, 그리고 귀중품들을 넣는다.

반입 불가

손가방
들고 타는 짐

기내수하물은 비행 중에 접근하기 어렵다.

따라서, 비행 중에 편하게 사용해야 할 물건들이 있다면 따로 작은 가방에 넣어가자.

step 5
공항 이용 절차

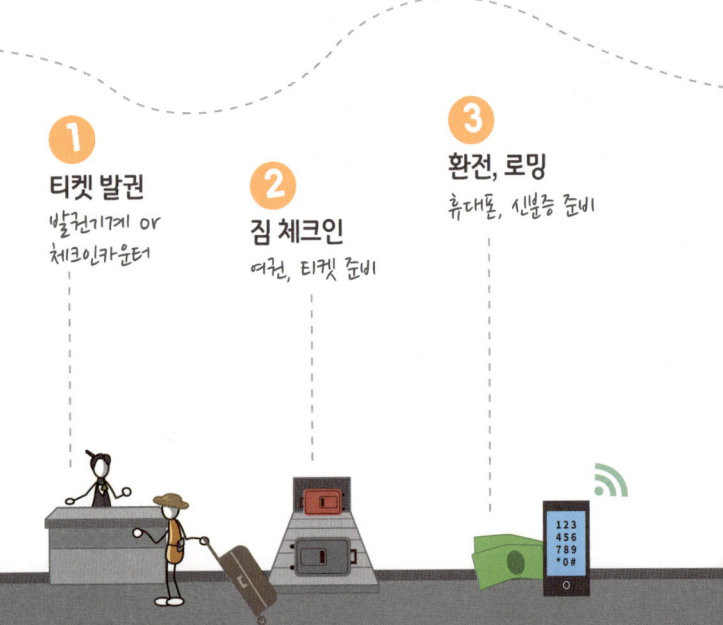

1 티켓 발권
발권기계 or 체크인카운터

2 짐 체크인
여권, 티켓 준비

3 환전, 로밍
휴대폰, 신분증 준비

6 남는 시간 동안...
외부 면세점 면세품 수령 및
내부 면세점 쇼핑

5 출국장 입장
심사
여권 준비

7 게이트 도착
여유 있게 도착

4 출국장 입장
보안검색대
음료 반입 x
주머니 속 금속 x

step 6
출입국신고서 / 세관신고서

손짓, 발짓으로는 해결되지 않는 것이 출입국신고서 작성하기다.
잘못 작성하게 되면 입국절차에 문제가 생길 수 있으므로 주의해야 한다.
입국하려는 나라마다 출입국신고서에 사용된 표현이 조금 다르므로,
같은 의미의 표현 여러 개를 정리해 두었다.

성

Last name (라스트 네임)
마지막 이름

Family name (패밀리 네임)
가족 이름

Surname (써네임)
성

이름

First name (퍼어스트 네임)
첫 번째 이름

Given names (기븐 네임즈)
주어진 이름

미들 네임

Middle name (미들 네임)
중간 이름

한국인은 미들네임이 없으므로 그냥 비워두자.

성별

Gender (젠더)
성별

남성

Male (메일)
남성

여성

Female (피메일)
여성

직업

Occupation (아큐페이션)
직업

Work (워크)
일

국적

쓰이티즌쉬입
Citizenship
시민권

내셔낼리티
Nationality
국적

출생지

플레이쓰 어브ᵛ 버어ʳ쓰ᵗʰ
Place of birth
장소 ~의 출생

거주국

컨트뤼 어브ᵛ 뤠지던쓰
Country of residence
국가 ~의 거주

출발국

컨트뤼 어브ᵛ 퍼ʳ어ʳ스트 디파아ʳ처ʳ
Country of first departure
국가 의 첫 번째 출발

우리는 보통 '국적, 출생지, 거주국, 출발국'이 모두 한국이다.

머물 곳의 주소

어드뤠쓰 인 더 필리핀즈
Address in the philippines
주소 필리핀에서

인텐디드 어드뤠쓰 인 챠이나
Intended Address in China
의도된 주소 중국에서

출생일

데잇 어브ᵛ 버어ʳ쓰ᵗʰ
Date of birth
날짜 ~의 출생

연

이이어ʳ
Year
연

월

먼쓰ᵗʰ
Month
월

일

데이
Day
일

'연, 월, 일'의 순서를, 영어로는 '일, 월, 연'의 순서로 사용한다.

연락처

카안택트 넘버ʳ
Contact number
접촉 번호

해외에서 본인의 휴대전화번호를 적을 때는 010 대신 8210을 붙여준다.

이메일 주소

이이메일 어드뤠쓰
E-mail address
이메일 주소

step 6 출입국신고서 / 세관신고서

몇몇 국가의 출입국신고서 및 세관신고서에는 영문과 함께 한글이 실려 있다.
그러나 한글이 함께 실려 있다고 해서 한글로 작성할 수 있는 것은 아니다.
출입국신고서와 세관신고서는 일반적으로 영문으로 작성한다.

항공 / 여권 / 비자

항공기 번호
플라잇   넘버ˇ
Flight number
비행기   번호

여권 번호
패스포어ㄹ트   넘버ˇ
Passport number
여권   번호

패쓰포어ㄹ트 노우
Passport No.
여권   번호

비자 번호
비ˇ이자   넘버ˇ
Visa number
여권   번호

비자 발급지
플레이쓰 어브ˇ   이쓔우
Place of issue
장소   ~의   발행

비자 발행일
데잇 어브ˇ   이쓔우
Date of issue
날짜 ~의   발행

여행의 목적

'여행 혹은 방문의 목적'은 여러 개의 항목 중 하나를 선택해 표시한다.
보통은 '관광, 사업, 친지 방문' 중 하나를 선택한다.
관광이나 사업이라고 하면 묵게 될 호텔 주소를,
친지 방문이라고 하면 친지의 주소를 요구받을 수 있다.

여행의 목적
퍼「뻐쓰 어브ᵛ 트뢔블
Purpose of travel
목적 ~의 여행

방문의 목적
퍼「뻐쓰 어브ᵛ 비ᵛ짓
Purpose of visit
목적 ~의 방문

하나만 체크
췍 원 오운리
Check one only
체크 하나 오직

방문
비ᵛ짓
Visit
방문

관광
싸이트씨잉
Sightseeing
관광

친지 방문
비ᵛ지팅 프렌즈 오어 뤨레이팁쓰
Visiting friends or relatives
방문하기 친구들 또는 친척들

휴가
베ᵛ이케이션
Vacation
휴가

사업
비지니쓰
Business
사업

승객의 서명
쓰이그너쳐 어브ᵛ 패쓰인져
Signature of passenger
서명 ~의 승객

공항 직원 사용 칸
포「어 어피「셜 유우즈 오운리
For official use only
~ 위한 관공서 사용 오직

출입국심사소나 세관에서 사용하는 칸으로,
비워두어야 한다.

23

step 6 출입국신고서 미리보기

Arrival Card

Last Name: Hong

First Name: GilDong

Date of Birth: 81 / 05 / 22 YY/MM/DD

Passport Number(No.): MA - 11108887

Nationality: South Korea

Male: ✔
Female: ☐

Address in the OOO: Abc Hotel, Beijing

Purpose of Visit
- Visit ☐
- Sightseeing ✔
- Business ☐
⋮

Occupation / Work: Farmer

Flight No.: aa 777

Signature of Passenger: 洪

step 6 세관신고서 미리보기

Customs Declaration

Last Name
Hong

Passport Number(No.)
MA - 11108887

First Name
GilDong

Passport Issued by
South Korea

Date of Birth
22 / 05 / 81   DD/MM/YY

Country of Residence
South Korea

Address in the OOO
Abc Hotel, Beijing

The primary purpose of this trip is business.   Yes ☐   No ☑

I am(We are) bringing
(a) fruits, plants, food, insects: Yes ☐   No ☑
(b) meat, animals, animal/wildlife products: Yes ☐   No ☑
(c) disease agents, cell cultures, snails: Yes ☐   No ☑
(d) soil or have been on a farm/ranch: Yes ☐   No ☑

I am(We are) carrying currency or monetary instruments over $10,000 U.S or foreign equivalent: Yes ☐   No ☑

Date(day/month/year)
15 / 08 / 20

Signature of passenger
洪

출발 전에 읽어야 할 국가별 주의사항
중국

1. 지금 중국은 모바일 간편결제 서비스 시대

중국인은 현금을 선호한다는 말은 옛말이 됐다. 모바일 결제의 보편화로 중국인의 현금 소비가 현저히 줄었다. 길거리 상점에서도, 시장에서도 중국의 대표적인 모바일 결제 서비스인 '위챗페이'와 '알리페이'를 선호한다. 오히려 현금과 신용카드를 취급하지 않는 상점이 늘고 있기 때문에, 여행을 준비 중이라면 '위챗페이'과 '알리페이' 사용법을 숙지해 두자.

2. SNS를 하고 싶다면 미리 VPN을 깔고 가자

중국 정부는 공산체제를 위협한다는 이유로 일부 해외 사이트 접속을 차단한다. 대표적으로 구글, 페이스북, 유튜브, 인스타그램 등이 접속이 되지 않으며, 카카오톡 또한 접속이 원활하지 않다. 때문에 활발한 SNS 활동을 위해서는 VPN 앱을 미리 한국에서 설치하고 가는 것이 좋다.

3. 어댑터 준비하기

중국은 우리와 같은 220v 전압을 사용하며, 동그란 콘센트와 삼지창 모양의 콘센트 둘 다 사용한다. 그러나 간혹 삼지창 모양의 콘센트밖에 없는 곳도 있기 때문에 어댑터를 준비하는 것이 좋다.

4. 소지품은 항상 손과 눈이 닿는 곳에 두기

중국에서는 한눈파는 사이 소지품을 도난당할 수 있으니 각별히 주의해야 한다. 특히나 대한민국 여권은 무비자 체결 국가가 많아 중국 브로커들이 1순위로 노리는 물건이라고 한다. 또한, 사람 많은 곳에서는 소매치기도 많으니 귀중품은 반드시 안전한 곳에 두고 다니는 것이 좋다.

5. 신호등은 너무 믿지 말기

횡단보도 신호가 바뀌었다고 바로 건너는 것은 위험할 수 있다. 주위에 차가 오는지 반드시 살피고 나서 건너야 한다.

6. 흥정은 필수!

현지인도 어수룩해 보이면 바가지를 쓰는데, 하물며 외국인은 더 말할 것도 없다. 여러 가게에서 흥정하다 보면, 물건의 시세도 알 수 있고 더 저렴하게 살 수 있다.

7. 손가락질은 넣어두기

우리나라에서도 손가락질은 예의 없는 행동이지만, 중국에서는 더한 의미다. 주로 싸울 때 손가락질을 하므로 이런 행동은 자제해야 한다. 또한 중국은 민족주의가 강한 민족이기 때문에 현지인과 다툼이 생기면 한없이 불리해진다. 따라서 최대한 싸움을 피해야 한다.

8. 초록색 모자는 가급적 쓰지 말기

중국에서 초록색 모자를 쓰면 이유 모를 비웃음을 살 수 있다. 중국어로 '초록색 모자를 쓴다'는 말은 아내나 여자 친구가 바람이 났다는 의미이기 때문이다.

9. 물은 셀프로 갖고 다니기

중국 식당에서 주는 물은 보통 뜨거운 물일 경우가 많다. 차가운 물은 건강에 좋지 않다는 이유로 중국인들은 한여름에도 뜨거운 물을 마신다. 차가운 물을 준다고 할지라도 석회질이 많은 수돗물일 수 있으니 웬만하면 생수를 사서 마시는 것이 좋다.

10. 샹차이는 미리 빼달라고 하기

우리말로는 고수풀이라고 하는 '샹차이'는 중국인이 아주 좋아하는 풀이다. 동남아 요리에서 주로 맡을 수 있는 향이 나는데, 호불호가 심하게 갈리는 편이니, 향이 강한 요리를 싫어한다면 미리 빼달라고 요청하는 것이 좋다. (我不要香菜. 워부야오 샹차이)

11. 발 마사지 받기

중국 마사지는 우리나라에서도 유명하다. 현지에 가면 더 많은 마사지 가게를 볼 수 있다. 고급 마사지샵부터 저렴한 곳까지 선택의 폭이 넓으니 꼭 한번 들러보자. 여행의 피로가 싹 풀릴 것이다.

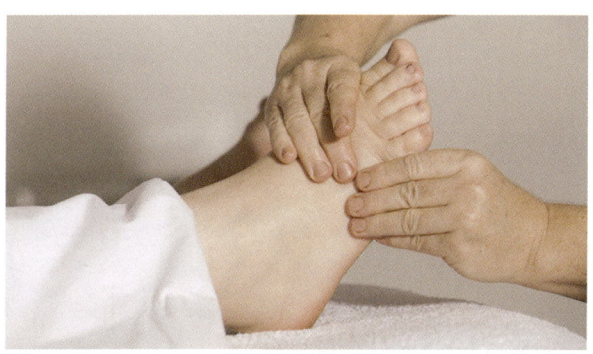

중국의 마사지

대부분의 마사지샵에서는 오일을 사용한 습식 마사지, 스포츠 마사지와 비슷한 건식 마사지 둘 다 가능하지만, 중국 전통마사지라고 하면 보통 건식 마사지를 말한다. 음양의 조화를 위해 남자 손님은 여자 마사지사가, 여자 손님은 남자 마사지사가 하는 것이 일반적이지만 손님의 요청에 따라 얼마든지 바꿀 수 있다.

마사지를 받을 때 유용한 표현

발 마사지	:	주을랴오 [足疗]
전신 안마	:	취엔썬ˇ 안모ˊ [全身 按摩]
중국식	:	쭝 스ˋ [中式]
태국식	:	타이 스ˋ [泰式]
아로마 오일	:	징 여우 [精油]
아파요	:	텅 [疼]
살살 해주세요	:	칭 이디엔 [轻 一点]
세게 해주세요	:	쭝 이디엔 [重 一点]

출발 전에 읽어야 할 국가별 주의사항
일본

1. 택시는 가능한 한 피하기

일본의 택시비가 비싸다는 건 이미 널리 알려진 사실이다. 지역마다 다를 수 있으나, 기본요금이 한국의 것보다 약 3배 정도 비싸다. 따라서 정말 급한 상황이 아니면, 택시를 이용하지 않는 편이 좋겠다.

2. 대중교통 이용 시 전화하지 않기

대부분의 일본 사람들은 타인에게 폐 끼치는 것을 좋아하지 않는다. 그 때문에 지하철이나 버스 안에서는 전화 통화도 하지 않을뿐더러 일행끼리 대화도 작은 목소리로 하는 편이다.

3. 좌측통행하기

우리나라와 달리 일본은 왼쪽으로 다닌다. 특히 에스컬레이터를 탈 때, 우리나라는 두 줄 서기를 하지만, 일본의 경우 한 줄로만 서고 오른쪽은 비워 둬야 한다. 그러나 일부 지역에서 우측통행을 하는 경우가 있음으로 보행 시 주위를 살피며 이동하도록 하자.

4. 길에서는 금연하기

일본이 흡연자의 천국이라고 불리긴 하지만 길거리 흡연은 엄연히 불법이다. 흡연은 꼭 지정된 장소에서만 해야 한다는 것을 잊지 말아야 한다.

5. 돈은 바구니에 올려놓기

은행에서 사용하는 바구니가 가게 계산대에 놓여있는 것을 보았다면, 돈은 종업원의 손에 건네지 말고, 바구니 위에 올려두면 된다. 이는 받은 돈과 거스름돈을 정확하게 손님에게 보여주기 위함이라고 한다. 카드도 그냥 바구니에 두면 된다.

6. 현금 위주로 준비하기

뜻밖에 카드 계산이 되지 않는 가게들이 많다. 그래서 신용카드는 비상용으로 사용하고, 현금을 넉넉히 들고 다니는 것이 좋다. 카드로 계산하고 싶으면, 먼저 카드를 받는지 물어봐야 한다.

7. 동전 지갑 준비하기

일본은 동전 하나도 값어치가 꽤 큰 편이다. 동전으로 결제하기도 하고 잔돈을 대부분 동전으로 주기 때문에 동전 지갑을 준비해 가는 것이 좋다.

8. 어댑터 준비하기

일본에서는 110v에 11자 형 콘센트를 사용하기 때문에, 돼지코 어댑터를 준비하는 것이 좋다.

9. 카페의 전기는 쓰지 않기

우리나라에서는 카페나 식당에서 휴대폰 충전을 하는 것이 흔한 경우인데, 일본에서는 그렇지 않다. 가게의 전기는 그 가게의 재산이라는 인식이 있기에 기본적으로는 사용 금지라고 보면 된다. 정말 급한 경우에는 점원에게 도움을 청할 수도 있겠지만, 기왕이면 보조배터리를 챙기는 편이 마음 편히 여행하기에 좋을 것이다.

여행
영어 중국어 일본어

272 문장 463 단어

001 안녕하세요.

어떻게 지내요?

Hello. / Hi.
헬로우. / 하이.
안녕하세요.

How are you?
하우 | 아ㄹ | 유우?
어떻게 | 이다 | 너?

こんにちは。
콘니치와.
안녕하세요.

お元気 ですか?
오겐키 | 데스카?
건강함 | 입니까?

你好。
nǐ hǎo.
니 하오.
안녕하세요.

你过得怎么样?
nǐ guò de zěn me yàng?
니 꾸어 더 전 머 양?
어떻게 지내요?

002 고맙습니다.

천만에요.

Thank you.
땡th크 | 유우.
감사하다 | 너.

You are welcome.
유우 | 아ㄹ | 웰컴.
너 | 이다 | 환영하다.

ありがとうございます。
아리가토오고자이마스.
고맙습니다.

どういたしまして。
도오이타시마시테.
천만에요.

谢谢。
xiè xie.
씨에 시에.
고맙습니다.

不用 谢。
bú yòng | xiè.
부 용 | 씨에.
필요 없다 | 감사하다.

003 죄송합니다.

괜찮아요.

Sorry.
싸아뤼.
미안.

It's okay.
잇츠 ǀ 오우케이.
이것은 ~이다 ǀ 괜찮은.

ごめんなさい。
고멘나사이.
미안합니다.

大丈夫 です。
다이죠오부 ǀ 데스.
괜찮음 ǀ 입니다.

不好意思。 / 对不起。
bù hǎo yì si. / duì bu qǐ.
뿌 하오 이 스. / 뚜이 부 치.
미안하다.

没关系。
méi guān xi.
메이 꽌 시.
괜찮다.

004 실례합니다.

잠시만요.

Excuse me.
익쓰큐우즈 | 미이.
용서하다 | 나를.

Wait a moment please.
웨잇 | 어 모우멘트 | 플리이즈.
기다리다 | 하나의 순간 | 부탁합니다.

失礼 し ます。/ あの、すみません。
시츠레에 | 시 | 마스. / 아노, | 스미마셍.
실례 | 함 | (합니다). / 저, | 미안합니다.

ちょっと まって ください。
쵿토 | 맏테 | 쿠다사이.
좀 | 기다려 | 주세요.

打扰 一下。
dǎ rǎo | yí xià.
다 라오 | 이 씨아.
방해하다 | 좀 ~하다.

稍 等 一下。
shāo | děng | yí xià.
쌰'오 | 덩 | 이 씨아.
잠시 | 기다리다 | 좀 ~하다.

005 맞아요.

아니에요.

Yes.
예쓰.
맞다.

No.
노우.
아니다.

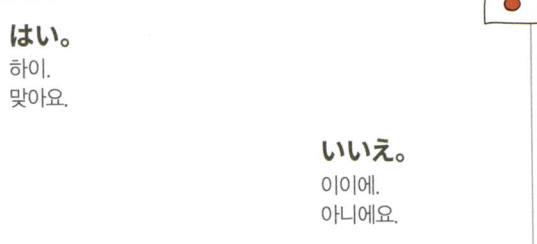

はい。
하이.
맞아요.

いいえ。
이이에.
아니에요.

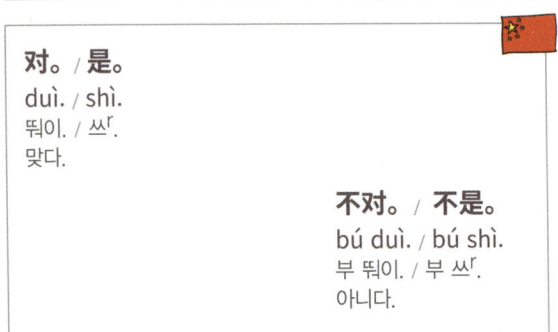

对。/ 是。
duì. / shì.
뛰이. / 쓰ʳ.
맞다.

不对。/ 不是。
bú duì. / bú shì.
부 뛰이. / 부 쓰ʳ.
아니다.

006 물론이죠.

아마도요.

Sure. / Of course.
슈어ʳ. / 어브ᵛ 코어ʳ스.
물론이죠.

Maybe.
메이비.
아마도.

もちろん です。
모치론 | 데스.
물론 | 입니다.

たぶん。
타분.
아마도.

当然 了。
dāng rán | le.
땅 란 | 을러.
물론이다 | [완료].

也许。
yě xǔ.
예 쉬.
아마도.

007 좋아요.

알겠습니다.

Okay.
오우케이.
좋다.

I see.
아이 ㅣ 쓰이.
나 ㅣ 보다.

いい です。
이이 ㅣ 데스.
좋다 ㅣ 입니다.

分かり ました。
와카리 ㅣ 마시타.
알음 ㅣ (했습니다).

好。
hǎo.
하오.
좋다.

我 知道 了。
wǒ ㅣ zhī dào ㅣ le.
워 ㅣ 쯔ʳ 따오 ㅣ 러.
나 ㅣ 알다 ㅣ 완료.

008 안녕하세요. [오전]

안녕하세요. [오후]

Good morning.
구ᄃ 모어ᄅ닝.
좋은 아침.

Good afternoon.
구ᄃ 애프ᄅ터ᄅ누운.
좋은 오후.

おはよう。
오하요오.
안녕하세요 [오전].

こんにちは。
콘니치와.
안녕하세요 [오후].

早上好。
zǎo shàng hǎo.
자오 쌍ᄅ 하오.
안녕하세요 [오전].

下午好。
xià wǔ hǎo.
씨아 우 하오.
안녕하세요 [오후].

009 안녕하세요. [저녁]

잘 자.

Good evening.
구드 이이브닝.
좋은 저녁.

Good night.
구드 나이트.
좋은 밤.

こんばんは。
콤방와.
안녕하세요 [저녁].

おやすみ。
오야스미.
잘 자.

晚上好。
wǎn shang hǎo.
완 샹 하오.
안녕하세요 [저녁].

晚安。
wǎn ān.
완 안.
잘 자.

010 만나서 반갑습니다.

저도 그래요.

Nice to meet you.
나이쓰 | 투 미잇 | 유우.
기쁜 | 만나서 | 너.

Me too.
미이 | 투우.
나에게 | 역시.

お会い できて 嬉しい です。
오아이 | 데키테 | 우레시이 | 데스.
만남 | 되어서 | 기쁘다 | 입니다.

私 も そう です。
와타시 | 모 | 소오 | 데스.
나 | 도 | 그렇게 | 입니다.

认识 你 很 高兴。
rèn shi | nǐ | hěn | gāo xìng.
런 스ʳ | 니 | 헌 | 까오 씽.
알다 | 너 | 매우 | 기쁘다.

我 也 是。
wǒ | yě | shì.
워 | 예 | 쓰ʳ.
나 | 도 | 그렇다.

011 행운을 빌어요!

당신도요.

Good luck to you!
구드 | 올러크 | 투 | 유우!
좋은 행운 | 에게 | 너!

You too.
유우 | 투우.
너 | 또한.

健闘 を 祈り ます!/ グッドラック!
켄토오 | 오 | 이노리 | 마스! / 굳도락쿠!
건투 | 를 | 기원 | (합니다)! / 굿 럭!

あなた も。
아나타 | 모.
당신 | 도.

祝 你 好运!
zhù | nǐ | hǎo yùn!
쭈ʳ | 니 | 하오 윈!
기원하다 | 너 | 행운!

你 也 是。
nǐ | yě | shì.
니 | 예 | 쓰ʳ.
너 | 역시 | 이다.

012 다음에 만나요.

잘 가!

See you later.
쓰이 | 유우 | 을레이터ㄹ.
보다 | 너 | 나중에.

Bye!
바이!
잘 가요!

また 会い ましょう。
마타 | 아이 | 마쇼오.
다시 | 만남 | (합시다).

じゃあ、ね!
쟈ー、네!
그럼!

下次 见。
xià cì jiàn.
씨아 츠 찌엔.
다음 번 | 보다.

慢走! / 再见!
màn zǒu! / zài jiàn!
만 저우! / 짜이 찌엔!
천천히 가다! / 또 보다!

013 가자!

서둘러!

Let's go!
올렛츠 | 고우!
하자 | 가다!

Hurry up!
허어뤼 어프!
서두르다!

行こう!
이코오!
가자!

急いで!
이소이데!
서둘러!

走 吧!
zǒu | ba!
저우 | 바!
가다 | 권유!

快点!
kuài diǎn!
콰이 디엔!
빨리!

014 부탁합니다.

그러지 말고 좀!

Please.
플리즈.
부탁합니다.

Oh~ Come on!
오우 컴 어언!
오~ 와라!

お願い し ます。
오네가이 | 시 | 마스.
부탁 | 함 | (합니다).

そう し ないで、ちょっと!
소오 | 시 | 나이데, | 쵸토!
그렇게 | 함 | 말아, | 좀!

拜托。
bài tuō.
빠이 투어.
부탁해.

你别这样啊!
nǐ | bié | zhè yàng | a!
니 | 비에 | 쪄ˇ 양 | 아!
너 | 하지마 | 이렇게 | [감탄]!

015 안 돼. 안 돼.

그거 하지 마.

No. No.
노우. | 노우.
안 돼. | 안 돼.

Don't do that.
도온트 | 두우 | 댓.
부정 | 하다 | 그것.

ダメ。ダメ。
다메. | 다메.
안 돼. | 안 돼.

それ 辞る な。
소레 | 야루 | 나.
그거 | 하다 | 하지 마.

不行。
bù xíng.
뿌 싱.
안 된다.

不要 做 那个。
bú yào | zuò | nà ge.
부 야오 | 쭈어 | 나 거.
하지 마라 | 하다 | 그것.

016 도와 드릴까요?

괜찮아요.

Can I help you?
캔 | 아이 | 헬프 | 유우?
할 수 있다 | 나 | 돕다 | 너?

No, thanks.
노우, | 땡th쓰.
아니, | 고맙다.

お手伝い し ましょうか?
오테츠다이 | 시 | 마쇼오카?
도움 | 함 | (할까요)?

結構 です。
켁코오 | 데스.
괜찮음 | 입니다.

需要 帮忙 吗?
xū yào | bāng máng | ma?
쒸 야오 | 빵 망 | 마?
필요하다 | 돕다 | 의문?

没有, 谢谢。/ 不用。
méi yǒu, xiè xie. / bú yòng.
메이 여우, 씨에 시에. / 부 용.
없다, 고맙다. / 필요 없다.

017 먼저 하세요.

먼저 하세요.

After you.
애프터ˈ 유우.
이후에 너.

Please.
플리즈.
부탁합니다.

お先に どうぞ。
오사키니 도오조.
먼저 부디.

どうぞ。
도오조.
부탁합니다.

你 先 吧。
nǐ xiān ba.
니 씨엔 바.
너 먼저 [권유].

请。
qǐng.
칭.
부탁하다 [존칭].

018 괜찮아요?

괜찮아요.

Are you okay?
아ㄹ | 유우 | 오우케이?
이다 | 너 | 괜찮은?

It's okay.
잇츠 | 오우케이.
이것은 ~이다 | 괜찮은.

大丈夫 ですか?
다이죠오부 | 데스카?
괜찮다 | 입니까?

大丈夫 です。
다이죠오부 | 데스.
괜찮다 | 입니다.

你还好吗?
nǐ | hái | hǎo | ma?
니 | 하이 | 하오 | 마?
너 | 아직 | 좋다 | 의문?

没关系。
méi guān xi.
메이 꽌 시.
괜찮다.

019 다시 말씀해 주실래요?

이해가 안 돼요.

Pardon? / Excuse me?
파아「든? / 익쓰큐우즈 | 미이?
실례합니다? / 용서하다 | 나를?

I don't understand.
아이 | 도온트 | 언더「스탠드.
나 | [부정] | 이해하다.

もう 一度 話して もらえますか?
모오 | 이치도 | 하나시테 | 모라에마스카?
다시 | 한 번 | 말해 | 받을 수 있습니까?

理解 でき ません。
리카이 | 데키 | 마셍.
이해 | 됨 | (하지 않습니다).

可以 再说 一 遍 吗?
kě yǐ | zài | shuō | yī | biàn | ma?
커 이 | 짜이 | 쓔「어 | 이 | 삐엔 | 마?
할 수 있다 | 다시 | 말하다 | 하나 | 차례 | [의문]?

我 听不懂。
wǒ | tīng | bù | dǒng.
워 | 팅 | 부 | 동.
나 | 듣다 | [부정] | 이해하다.

020 몇 번이나?

얼마나 자주?

How many times?
하우 메니 ǀ 타임즈?
얼마나 많이 ǀ 시간?

How often?
하우 어어픈ˊ?
얼마나 자주?

何 回 くらい?
낭 ǀ 카이 ǀ 쿠라이?
몇 ǀ 번 ǀ 정도?

どの くらい?
도노 ǀ 쿠라이?
어느 ǀ 정도?

几 次?
jǐ ǀ cì?
지 ǀ 츠?
몇 ǀ 번?

多久 一 次?
duō jiǔ ǀ yī ǀ cì?
뚜어 지우 ǀ 이 ǀ 츠?
얼마나 오래 ǀ 하나 ǀ 번?

021 몇 개?

얼마예요?

How many?
하우 메니?
얼마나 많이?

How much?
하우 머취?
얼마나 많이?

いくつ? / 何個?
이쿠츠? / 난코?
몇 개?

いくら ですか?
이쿠라 | 데스카?
얼마 | 입니까?

几 个?
jǐ | gè?
지 | 꺼?
몇 | 개?

多少 钱?
duō shǎo | qián?
뚜어 샤오 | 치엔?
얼마나 | 돈?

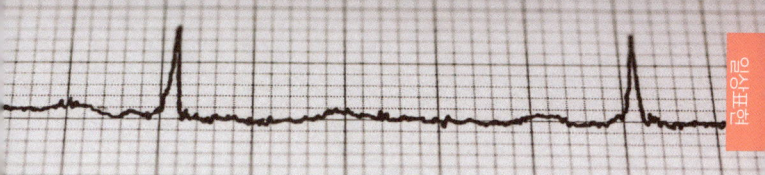

빈도

한국어	English	日本語	中文
한 번	Once 원스	一回 익 카이	一次 이츠
충분한	Enough 이너프	十分な 쥬우분나	足够 주 꺼우 더
두 번	Twice 트와이쓰	二回 니 카이	两次 을리앙츠
세 번	Three times 뜨뤼이 타임즈	三回 상 카이	三次 싼츠
여러 번	Many times 메니 타임즈	何回も 낭 카이모	多次 뚜어츠
다시	Again 어게인	また 마타	再 짜이
자주	Often 어오픈	よく 요쿠	常常 창 창
항상	Always 어얼웨이즈	いつも 이츠모	总是 중 쓰
이미	Already 어어뤠디	もう 모오	已经 이 찡
아닌 / 아직	Not yet 나앗 예트	まだ 마다	还没 하이 메이

022 얼마 동안?

얼마나 걸립니까?

How long?
하우 ㄹ로옹?
얼마나 길게?

How long will it take?
하우 ㄹ로옹 | 윌 | 잇 | 테이크?
얼마나 길게 | 할 것이다 | 그것 | 걸리다?

どんなに 長く?
돈나니 | 나가쿠?
얼마나 | 길게(오래)?

どれ くらい かかり ますか?
도레 | 쿠라이 | 카카리 | 마스카?
얼마 | 정도 | 걸림 | (합니까)?

多 久?
duō | jiǔ?
뚜어 | 지우?
얼마나 | 오래?

多 长 时间?
duō | cháng | shí jiān?
뚜어 | 창 | 스 찌엔?
얼마나 | 길다 | 시간?

023 나는 할 수 있어요.

그렇게 할게요.

I can.
아이 ㅣ 캔.
나 ㅣ 할 수 있다.

I will.
아이 ㅣ 윌.
나 ㅣ 할 것이다.

でき ます。
데키 ㅣ 마스.
됨 ㅣ (합니다).

そう します。
소오 ㅣ 시마스.
그렇게 ㅣ 합니다.

我 能 做。
wǒ ㅣ néng ㅣ zuò.
워 ㅣ 넝 ㅣ 쭈어.
나 ㅣ 가능하다 ㅣ 하다.

我 会 的。
wǒ ㅣ huì ㅣ de.
워 ㅣ 후이 ㅣ 더.
나 ㅣ 할 것이다 ㅣ 강조.

024 성함이 어떻게 되세요?
나이가 어떻게 되시죠?

What is your name?
왓 | 이즈 | 유어ㄹ | 네임?
무엇 | 이다 | 너의 | 이름?

How old are you?
하우 오울ㄷ | 아ㄹ | 유우?
얼마나 나이 든 | 이다 | 너?

お名前 は 何 ですか?
오나마에 | 와 | 난 | 데스카?
성함 | 은 | 무엇 | 입니까?

おいくつ ですか?
오이쿠츠 | 데스카?
몇 살 | 입니까?

请问 您 贵姓?
qǐng | wèn | nín | guì xìng?
칭 | 원 | 닌 | 꿔이 씽?
부탁하다[존칭] | 묻다 | 당신 | 성씨?

请问 你 今年 多 大?
qǐng | wèn | nǐ | jīn nián | duō | dà?
칭 | 원 | 니 | 찐 니엔 | 뚜어 | 따?
부탁하다[존칭] | 묻다 | 너 | 올해 | 얼마나 | 크다?

한국어		English	日本語	中文
이름		name 네임	名前 나마에	名字 밍즈
남자		man 맨	男 오토코	男人 난런
여자		woman 워먼	女 온나	女人 뉘런
소년		boy 보이	少年 쇼오넨	男孩 난하이
소녀		girl 거얼	少女 쇼오죠	女孩 뉘하이
아기		baby 베이비	赤ちゃん 아카쨘	婴儿 잉얼
아이 (소인)		child (kid) 촤일드 (키드)	子供 코도모	小孩 샤오하이
어른		adult 어덜트	大人 오토나	成人 쳥'런
남성		male 메일	男性 단세에	男性 난씽
여성		female 피'이메일	女性 죠세에	女性 뉘씽
사람		person 퍼어'쏜	人 히토	人 런
사람들		people 피이쁠	人々 히토비토	人们 런먼

025 어때?

완벽해.

How is it?
하우 | 이즈 | 이트?
어떻게 | 이다 | 이것?

Perfect.
퍼ˇ어페ˇ트.
완벽한.

どう?
도오?
어때?

完璧。
캄페키.
완벽.

怎么样?
zěn me yàng?
전 머 양?
어때?

很 完美。
hěn | wán měi.
헌 | 완 메이.
매우 | 완전하다.

기분

한국어	🇬🇧 English	🇯🇵 日本語	🇨🇳 中文
최고야	The best 더 베스트	最高 사이코오	最棒 쮀이 빵
매우 좋아	Very good 베ᵛ뤼 구ᄃ	とても いい 토테모 이이	真棒 쩐ʳ 빵
좋아	Good 구ᄃ	いい 이이	很好 헌 하오
그냥 그래	So so 쏘우 쏘우	まあまあ 마아 마아	还行 하이 싱
나쁘지 않아	Not bad 낫 배ᄃ	悪くない 와루쿠나이	不错 부 추어
좋지 않아	Not good 낫 구ᄃ	よくない 요쿠나이	不好 뿌 하오
너무 안 좋아	Too bad 투우 배ᄃ	悪すぎ 와루 스기	糟糕 짜오 까오
최악이야	The worst 더 워ʳ스ᄐ	最悪 사이 아쿠	最差 쮀이 챠ʳ

026 알아요.

나는 몰라요.

I know.
아이 | 노우.
나 | 알다.

I don't know.
아이 | 도온트 | 노우.
나 | [부정] | 알다.

分かり ます。
와카리 | 마스.
알음 | (합니다).

分かり ません。
와카리 | 마셍.
알음 | (하지 않습니다).

我 知道。
wǒ | zhī dào.
워 | 쯔ʳ 따오.
나 | 알다.

我 不 知道。
wǒ | bù | zhī dào.
워 | 뿌 | 쯔ʳ 따오.
나 | [부정] | 알다.

027 그게 마음에 드세요?
이걸 원해요?

Do you like it?
두우 | 유우 | 을라익 | 이트?
하다 | 너 | 좋아하다 | 그것?

Do you want it?
두우 | 유우 | 원트 | 이트?
하다 | 너 | 원하다 | 이것?

お気 に 入り ましたか?
오키 | 니 | 이리 | 마시타카?
마음 | 에 | 들음 | (했습니까)?

これ が 欲しい ですか?
코레 | 가 | 호시이 | 데스카?
이것 | 이 | 원하다 | 입니까?

你 喜欢 那个 吗?
nǐ | xǐ huān | nà ge | ma?
니 | 시 환 | 나 거 | 마?
너 | 좋아하다 | 그것 | 의문?

你 想 要 这个 吗?
nǐ | xiǎng | yào | zhè ge | ma?
니 | 시앙 | 야오 | 쪄 거 | 마?
너 | 하고 싶다 | 가지다 | 이것 | 의문?

028 좋아요.

마음에 들어요.

That is good.
대앳 | 이즈 | 구드.
그것 | 이다 | 좋은.

I like it.
아이 | 을라익 | 이트.
나 | 좋아하다 | 이것.

いい ですね。
이이 | 데스네.
좋다 | 네요.

気 に 入り ます。
키 | 니 | 이리 | 마스.
마음 | 에 | 들음 | (합니다).

这 很 好。
zhè | hěn | hǎo.
쩌 | 헌 | 하오.
이것 | 매우 | 좋다.

我 喜欢。
wǒ | xǐ huān.
워 | 시 환.
나 | 좋아하다.

029 난 이거 싫어요.

난 이거 원하지 않아요.

I don't like it.
아이 | 도온트 | 을라익 | 이트.
나 | [부정] | 좋아하다 | 그것.

I don't want it.
아이 | 도온트 | 원트 | 이트.
나 | [부정] | 원하다 | 그것.

それ は 嫌 です。
소레 | 와 | 이야 | 데스.
그것 | 은 | 싫음 | 입니다.

それ は 欲しく あり ません。
소레 | 와 | 호시쿠 | 아리 | 마셍.
그것 | 은 | 원하지 | 있음 | (하지 않습니다).

我 不 喜欢。
wǒ | bù | xǐ huān.
워 | 뿌 | 시 환.
나 | [부정] | 좋아하다.

我 不 想 要。
wǒ | bù | xiǎng | yào.
워 | 뿌 | 시앙 | 야오.
나 | [부정] | 원하다 | 가지다.

030 이거 당신 거예요?

이건 내 거예요.

Is it yours?
이즈 | 잇 | 유어「ㅅ?
이다 | 이것 | 네 것?

It's mine.
잇ㅊ | 마인.
이것은 ~이다 | 내 것.

これ は あなた の もの ですか?
코레 | 와 | 아나타 | 노 | 모노 | 데스카?
이것 | 은 | 당신 | 의 | 것 | 입니까?

私 の もの です。
와타시 | 노 | 모노 | 데스.
나 | 의 | 것 | 입니다.

是 你 的 吗?
shì | nǐ | de | ma?
쓰「 | 니 | 더 | 마?
이다 | 너 | 의 것 | 의문?

这 是 我 的。
zhè | shì | wǒ | de.
쩌「 | 쓰「 | 워 | 더.
이것 | 이다 | 나 | 의 것.

031 그게 전부예요?

그게 다예요.

Is that all?
이즈 | 댓 | 어얼?
이다 | 그것 | 전부?

That is all.
댓 | 이즈 | 어얼.
그것 | 이다 | 전부.

それ が 全部 ですか?
소레 | 가 | 젬부 | 데스카?
그것 | 이 | 전부 | 입니까?

それ が 全部 です。
소레 | 가 | 젬부 | 데스.
그것 | 이 | 전부 | 입니다.

这 是 全部 吗?
zhè | shì | quán bù | ma?
쪄ʳ | 쓰ʳ | 취엔 뿌 | 마?
이것 | 이다 | 전부 | 의문?

这 是 全部。
zhè | shì | quán bù。
쪄ʳ | 쓰ʳ | 취엔 뿌.
이것 | 이다 | 전부.

032 우와.

정말?

Wow.
와우.
우와.

Really? / Oh, yes?
뤼얼리? / 오우, 예쓰?
정말? / 오, 그래?

うわ。
우와.
우와.

本当?
혼토오?
정말?

哇。
wa.
와.
와.

真的吗?
zhēn de ma?
쩐 더 마?
진실이다 [강조] [의문]?

033 지금.

나중에.

Now.
나우.
지금.

Later.
을레이터ˊ.
나중에.

今。
이마.
지금.

後で。
아토│데.
나중│에.

现在。
xiàn zài.
씨엔 짜이.
현재.

一会儿。
yí huìr.
이 훨ˊ.
잠시.

034 그 전에.

그 후에.

Before that.
비포^f어^rㅣ대트.
전에ㅣ그것.

After that.
애프터^rㅣ대트.
이후에ㅣ그것.

その 前。
소노ㅣ마에.
그ㅣ전.

その 後。
소노ㅣ아토.
그ㅣ후.

在 那 之 前。
zài ㅣ nà ㅣ zhī ㅣ qián.
짜이ㅣ나ㅣ쯔^rㅣ치엔.
~할 때ㅣ그때ㅣ~의ㅣ전.

在 那 之 后。
zài ㅣ nà ㅣ zhī ㅣ hòu.
짜이ㅣ나ㅣ쯔^rㅣ허우.
~할 때ㅣ그때ㅣ~의ㅣ후.

한국어		영어	일본어	중국어
밤		night 나잇	夜 요루	晚上 완 샹
오늘		today 투데이	今日 쿄오	今天 찐 티엔
어제		yesterday 예스터「데이	昨日 키노오	昨天 주어 티엔
내일		tomorrow 터마아뤄우	明日 아시타	明天 밍 티엔
매일		everyday 에브ˇ뤼데이	毎日 마이 니치	每天 메이 티엔
아침		morning 모어「닝	朝 아사	早上 자오 샹
오후		afternoon 애프「터「누운	午後 고고	下午 씨아우
저녁		evening 이이브ˇ닝	夕方 유우 가타	傍晚 빵 완
낮		day 데이	昼 히루	白天 바이 티엔
하루		day 데이	日 히	一天 이 티엔
시간		hour 아우워「	時 지	小时 샤오 스「
초		second 쎄커언드	秒 뵤오	秒 먀오

035 매일.

한 시간마다.

Every day.
에브ⱽ뤼 | 데이.
모든 | 날.

Every hour.
에브ⱽ뤼 | 아우워ʳ.
모든 | 시간.

毎日。
마이니치.
매일.

一 時間 ごとに。
이치 | 지캉 | 고토니.
하나 | 시간 | 마다.

每天。
měi tiān.
메이 티엔.
매일.

每 个 小时。
měi | gè | xiǎo shí.
메이 | 꺼 | 샤오 스ʳ.
매 | 개 | 시간.

한국어		🇬🇧 English	🇯🇵 日本語	🇨🇳 中文
월요일		Monday 먼데이	月曜日 게츠요오비	星期一 씽치이
화요일		Tuesday 튜우즈데이	火曜日 카요오비	星期二 씽치얼
수요일		Wednesday 웬즈데이	水曜日 스이요오비	星期三 씽치싼
목요일		Thursday 떠ᵗʰ어ʳ즈데이	木曜日 모쿠요오비	星期四 씽치쓰
금요일		Friday 프ʳ라이 데이	金曜日 킨요오비	星期五 씽치우
토요일		Saturday 쌔터ʳ데이	土曜日 도요오비	星期六 씽치으리우
일요일		Sunday 썬데이	日曜日 니치요오비	星期天 씽치티엔
휴일		holiday 하알러데이	休日 큐우지츠	假日 지아르
봄		spring 스프링	春 하루	春天 춘ʳ 티엔
여름		summer 써머ʳ	夏 나츠	夏天 씨아 티엔
가을		fall 포ʳ올	秋 아키	秋天 치우 티엔
겨울		winter 윈터ʳ	冬 후유	冬天 똥 티엔

036 당신 정말 친절하시군요!

천만에요.

You are so kind!
유우 | 아ㄹ | 쏘우 카인드!
너 | 이다 | 매우 친절한!

It's my pleasure.
잇츠 | 마이 플레져ㄹ.
이것은 | ~이다 | 나의 기쁨.

あなた は 本当に 優しい です!
아나타 | 와 | 혼토오니 | 야사시이 | 데스!
당신 | 은 | 정말로 | 친절하다 | 입니다!

どういたしまして。
도오이타시마시테.
천만에.

你 真 亲切!
nǐ | zhēn | qīn qiè!
니 | 쩐ㄹ | 친 치에!
너 | 정말 | 친절하다!

不客气。
bú kè qi.
부 커 치.
천만에요.

037 젠장!

아, 안 돼…

Damn it!
댐 이트!
젠장!

Oh, no…
오우, 노우…
오, 안 돼…

ちくしょう。
치쿠쇼오.
젠장.

いけ ない…
이케 나이…
할 수 없다…

该死的!
gāi sǐ de!
까이 스 더!
~해야 마땅하다 | 죽다 | 강조 !

啊~ 不行…
a~bù xíng…
아~뿌 싱…
아~ 안 된다…

038 아야!

이런…

Ouch!
아우췌!
아프다!

What the…
왓 더…
이런…

痛い!
이타이!
아파!

しまった…
시맛타…
아차…

哎哟!
āi yō!
아이 요!
아이고!

这…
zhè…
쪄ʳ…
이게…

039 이런! 아이고!

세상에!

Oops!
웁씨!
이런!

Oh my god!
오우 | 마이 가아드!
오 | 나의 신!

おっと!
옷토!
이런!

うそ!
우소!
거짓말!

哎呀!
āi ya!
아이 야!
아이고!

天 啊!
tiān | a!
티엔 | 아!
하늘 | [감탄]!

040 잘된 일이네.

그것참 안됐네.

Good for you.
구드 | 포'어' | 유우.
좋다 | ~에게 | 너.

That is too bad.
대앳 | 이즈 | 투우 배드.
그것 | 이다 | 너무 나쁜.

よかった ですね。
요캇타 | 데스네.
잘됐다 | 이네요.

残念 です。
잔넨 | 데스.
유감 | 입니다.

这 是 好 事。
zhè | shì | hǎo | shì.
쪄' | 쓰 | 하오 | 쓰'.
이것 | 이다 | 좋은 | 일.

我 很 遗憾。
wǒ | hěn | yí hàn.
워 | 헌 | 이 한.
나 | 매우 | 유감이다.

041 영어 할 줄 알아요?
천천히 말해주실 수 있나요?

Do you speak English?
두우 ᐧ 유우 ᐧ 스삐이익 ᐧ 잉글리쉬?
하다 ᐧ 너 ᐧ 말하다 ᐧ 영어?

Can you speak slowly?
캔 ᐧ 유우 ᐧ 스삐이익 ᐧ 슬로울리?
할 수 있다 ᐧ 너 ᐧ 말하다 ᐧ 천천히?

英語 でき ますか?
에에고 ᐧ 데키 ᐧ 마스카?
영어 ᐧ 됨 ᐧ (합니까)?

ゆっくり 話して もらえますか?
윳쿠리 ᐧ 하나시테 ᐧ 모라에마스카?
천천히 ᐧ 말해 ᐧ 받을 수 있습니까?

您 会 说 英语 吗?
nǐ ᐧ huì ᐧ shuō ᐧ yīng yǔ ᐧ ma?
니 ᐧ 후이 ᐧ 쒀어 ᐧ 잉 위 ᐧ 마?
당신 ᐧ 할 수 있다 ᐧ 말하다 ᐧ 영어 ᐧ 의문?

可以 说 慢 一点 吗?
kě yǐ ᐧ shuō ᐧ màn ᐧ yì diǎn ᐧ ma?
커 이 ᐧ 쒀어 ᐧ 만 ᐧ 이 디엔 ᐧ 마?
할 수 있다 ᐧ 말하다 ᐧ 천천히 ᐧ 조금 ᐧ 의문?

042 어디서 오셨어요?

한국에서 왔어요.

Where are you from?
웨어ʳ | 아ʳ | 유우 | ㅍ람?
어디에 | 이다 | 너 | ~에서 온?

I am from Korea.
아이 | 앰 | ㅍ람 | 커뤼이아.
나 | 이다 | ~에서 온 | 한국.

どこ から 来ましたか?
도코 | 카라 | 키마시타카?
어디 | 에서 | 왔습니까?

韓国 から 来ました。
캉코쿠 | 카라 | 키마시타.
한국 | 에서 | 왔습니다.

请 问 你 从 哪里 来?
qǐng | wèn | nǐ | cóng | nǎ lǐ | lái?
칭 | 원 | 니 | 충 | 나 을리 | 을라이?
부탁하다[존칭] | 묻다 | 너 | ~부터 | 어디 | 오다?

我 来自 韩国。
wǒ | lái zì | hán guó.
워 | 을라이 쯔 | 한 구어.
나 | ~에서 오다 | 한국.

043 곧 돌아올게요.

저 바로 여기 있을게요.

I will be right back.
아이 | 윌 | 비이 | 롸잇 배ㅋ.
나 | 할 것이다 | 이다 | 바로 돌아오다.

I will be right here.
아이 | 윌 | 비이 | 롸잇 히어ᵣ.
나 | 할 것이다 | 이다 | 바로 여기에.

すぐ 戻り ます。
스구 | 모도리 | 마스.
곧 | 돌아옴 | (합니다).

私 は ここ に います。
와타시 | 와 | 코코 | 니 | 이마스.
나 | 는 | 여기 | 에 | 있습니다.

我 马上 回来。
wǒ | mǎ shàng | huí lái.
워 | 마 쌍ᵣ | 후이 을라이.
나 | 금방 | 되돌아오다.

我 就 在 这里。
wǒ | jiù | zài | zhè lǐ.
워 | 찌우 | 짜이 | 쪄ᵣ 을리.
나 | 바로 | ~에 있다 | 여기.

044 그것들은 서로 달라요.
그것들은 서로 같아요.

They are different.
데이 | 아ʳ | 디프뤈트.
그들 | 이다 | 다른.

They are the same.
데이 | 아ʳ | 더 쎄임.
그들 | 이다 | 같은.

それ は 互いに 違い ます。
소레 | 와 | 타가이니 | 치가이 | 마스.
그것 | 은 | 서로 | 다름 | (합니다).

それ は 同じ です。
소레 | 와 | 오나지 | 데스.
그것 | 은 | 같다 | 입니다.

它们 不 同。
tā men | bù | tóng.
타 먼 | 뿌 | 통.
그것들 | [부정] | 같다.

它们 是 一样 的。
tā men | shì | yí yàng | de.
타 먼 | 쓰ʳ | 이 양 | 더.
그것들 | 이다 | 같은 | ~한 것.

045 커피 그리고 빵.
커피 아니면 차?

Coffee and bread.
커어퓌ᶠ이 ㅣ 앤드 ㅣ 브뤠드.
커피 ㅣ 그리고 ㅣ 빵.

Coffee or tea?
커어퓌ᶠ이 ㅣ 오어ʳ ㅣ 티이?
커피 ㅣ 아니면 ㅣ 차?

コーヒー と パン。
코-히- ㅣ 토 ㅣ 팡.
커피 ㅣ 와 ㅣ 빵.

コーヒー それとも お茶?
코-히- ㅣ 소레토모 ㅣ 오챠?
커피 ㅣ 아니면 ㅣ 차?

咖啡 和 面包。
kā fēi ㅣ hé ㅣ miàn bāo.
카 페ᶠ이 ㅣ 허 ㅣ 미엔 빠오.
커피 ㅣ 와 ㅣ 빵.

咖啡 还是 茶?
kā fēi ㅣ hái shi ㅣ chá?
카 페ᶠ이 ㅣ 하이 스ʳ ㅣ 챠ʳ?
커피 ㅣ 아니면 ㅣ 차?

여행
영어 중국어 일본어
272 문장 463 단어

046 혼자예요?
일행이 계신가요?

Are you alone?
아ʳ | 유우 | 얼로운?
이다 | 너 | 혼자?

Do you have company?
두우 | 유우 | 해브ᵛ | 컴퍼니?
하다 | 너 | 가지다 | 일행?

一人 ですか?
히토리 | 데스카?
혼자 | 입니까?

お連れ の 方 は いらっしゃい ますか?
오츠레 | 노 | 카타 | 와 | 이랏샤이 | 마스카?
동행 | 의 | 분 | 은 | 계심 | (합니까)?

你 一 个 人 吗?
nǐ | yí | gè | rén | ma?
니 | 이 | 꺼 | 런 | 마?
너 | 하나 | 명 | 사람 | 의문?

你 有 同行 的 人 吗?
nǐ | yǒu | tóng xíng | de | rén | ma?
니 | 여우 | 퉁 싱 | 더 | 런 | 마?
너 | 있다 | 동행하다 | 의 | 사람 | 의문?

047 수하물 찾는 곳이 어디에 있나요?
제 수하물이 없어졌어요.

Where is the baggage claim?
웨어「 | 이즈 | 더 | 배기쉬 | 클레임?
어디 | 이다 | 그 | 수하물 보관소?

My baggage is missing.
마이 | 배기쉬 | 이즈 | 미쓰잉.
내 수하물 | 이다 | 사라진.

手荷物 受取所 は どこ ですか?
테니모츠 | 우케토리쇼 | 와 | 도코 | 데스카?
수하물 | 수취소 | 는 | 어디 | 입니까?

私 の 手荷物 が 無く なり ました。
와타시 | 노 | 테니모츠 | 가 | 나쿠 | 나리 | 마시타.
나 | 의 | 수하물 | 이 | 없게 | 됨 | (했습니다).

请 问 取 行李 的 地方 在 哪里?
qǐng | wèn | qǔ | xíng lǐ | de | dì fāng | zài | nǎ lǐ?
칭 | 원 | 취 | 싱 올리 | 더 | 띠 팡ˉ | 짜이 | 나 올리?
부탁하다[존칭] | 묻다 | 찾다 | 짐 | 의 | 곳 | ~에 있다 | 어디?

我 的 行李 不 见 了。
wǒ | de | xíng lǐ | bú | jiàn | le.
워 | 더 | 싱 올리 | 부 | 찌엔 | 얼러.
나 | 의 | 짐 | [부정] | 보다 | [완료].

048 제 자리가 어디인가요?
자리를 바꿀 수 있을까요?

Where is my seat?
웨어ㄹ | 이즈 | 마이 쓰이잇?
어디 | 이다 | 내 자리?

Can I change my seat?
캔 | 아이 | 췌인쥐 | 마이 쓰이잇?
할 수 있다 | 나 | 교환하다 | 내 자리?

私 の 席 は どこ ですか?
와타시 | 노 | 세키 | 와 | 도코 | 데스카?
나 | 의 | 자리 | 는 | 어디 | 입니까?

席 を 替えて も 大丈夫 ですか?
세키 | 오 | 카에테 | 모 | 다이죠오부 | 데스카?
자리 | 를 | 바꿔 | 도 | 괜찮다 | 입니까?

请 问 我 的 位子 在 哪里?
qǐng | wèn | wǒ | de | wèi zi | zài | nǎ lǐ?
칭 | 원 | 워 | 더 | 웨이 쯔 | 짜이 | 나 을리?
부탁하다 [존칭] | 묻다 | 나 | 의 | 자리 | ~에 있다 | 어디?

可以 换 位子 吗?
kě yǐ | huàn | wèi zi | ma?
커 이 | 환 | 웨이 즈 | 마?
할 수 있다 | 바꾸다 | 자리 | [의문]?

한국어		English	日本語	中文
담요		blanket 블랭킷	ブランケット 부랑켙토	毛毯 마오 탄
대기		waiting 웨이팅	待機 타이 키	等候 덩 허우
여권		passport 패쓰포어̆트	パスポート 파스포-토	护照 후 쨔̆오
사증		visa 비ᵛ이자	ビザ 비자	签证 치엔 쩡ʳ
수하물, 짐		baggage 배기쥐	荷物 니 모츠	行李 싱 을리
승객		passenger 패쓰인져ʳ	乗客 죠오 캬쿠	乘客 청ʳ 커
좌석		seat 쓰이잇	席 세키	座位 쭈어 웨이
창가 석		window seat 윈도우 쓰이잇	窓側の席 마도 가와 노 세키	靠床席 카오 추ʳ앙 시
복도 석		aisle seat 아이일 쓰이잇	通路側の席 츠으로가와노세키	靠道席 카오 따오 시
기내식		inflight meal 인 플라이트 미일	機内食 키 나이 쇼쿠	飞机餐 페̆이 찌 찬

049 닭고기인가요 소고기인가요?

소고기로 주세요.

Chicken or Beef?
치킨 | 오어ʳ | 비이프ʳ?
닭고기 | 또는 | 소고기?

Beef, please.
비이프ʳ, | 플리이즈.
소고기, | 부탁합니다.

チキン ですか、牛肉 ですか?
치킨 | 데스카、| 규우니쿠 | 데스카?
치킨 | 입니까, | 소고기 | 입니까?

牛肉 ください。
규우니쿠 | 쿠다사이.
소고기 | 주세요.

鸡肉 还是 牛肉?
jī ròu | hái shì | niú ròu?
찌 러우 | 하이 쓰ʳ | 니우 러우?
닭고기 | 또는 | 소고기?

请 给 我 牛肉。
qǐng | gěi | wǒ | niú ròu.
칭 | 게이 | 워 | 니우 러우.
부탁하다 [존칭] | 주다 | 나 | 소고기.

한국어	🇬🇧 English	🇯🇵 日本語	🇨🇳 中文
물	water 워어터ㄹ	水 미즈	水 쉐ㄹ이
차	tea 티이	茶 챠	茶 챠ㄹ
커피	coffee 커어퓌ㄹ이	コーヒー 코-히-	咖啡 카페ㄹ이
주스	juice 쥬우쓰	ジュース 쥬-스	果汁 구어쯔ㄹ
우유	milk 미일크	牛乳 규우 뉴우	牛奶 니우 나이
핫초코	hot chocolate 핫 춰어컬리트	ホットチョコ 홋토쵸코	热巧克力 러 챠오 커 을리
콜라	cola 코울러	コーラ 코-라	可乐 커 을러
얼음	ice 아이쓰	氷 코오리	冰块 삥 콰이

050 아파요.

멀미약 주세요.

I am sick.
아이 | 앰 | 쓰이크.
나 | 이다 | 아픈.

Medicine for motion sickness, please.
메디쓰인 | 포'어' | 모우션 | 쓰익니쓰, | 플리이즈.
약 | ~을 위한 | 움직임 | 아픔, | 부탁합니다.

具合 が 悪い です。
구아이 | 가 | 와루이 | 데스.
몸 상태 | 가 | 나쁘다 | 입니다.

酔い止め ください。
요이도메 | 쿠다사이.
멀미약 | 주세요.

我 病 了。
wǒ | bìng | le.
워 | 삥 | 으러.
나 | 아프다 | [변화].

有 晕车 药 吗?
yǒu | yùn chē | yào | ma?
여우 | 윈 쳐' | 야오 | 마?
있다 | 차멀미하다 | 약 | [의문]?

051 시내로 가고 싶어요.
미터기 켜주세요.

Downtown, please.
다운타운. | 플리이즈.
시내, | 부탁합니다.

Meter, please.
미터, | 플리이즈.
미터기, | 부탁합니다.

市内 へ 行き たい です。
시나이 | 에 | 이키 | 타이 | 데스.
시내 | 에 | 감 | ~하고 싶다 | 입니다.

メーター を 使って ください。
메-타- | 오 | 츠칻테 | 쿠다사이.
미터기 | 를 | 사용해 | 주세요.

我 想 去 市内。
wǒ | xiǎng | qù | shì nèi.
워 | 시앙 | 취 | 쓰ˇ 네이.
나 | 하고 싶다 | 가다 | 시내.

请 打 表。
qǐng | dǎ | biǎo.
칭 | 다 | 뱌오.
부탁하다[존칭] | 계산하다 | 미터기.

052 나를 거기로 데려다줄 수 있어요?

트렁크를 열어 주세요.

Can you take me there?
캔 | 유우 | 테익 | 미이 | 데어ㄹ?
할 수 있다 | 너 | 데려가다 | 나를 | 거기에?

Open the trunk, please.
오우픈 | 더 트렁크, | 플리이즈.
열다 | 그 트렁크, | 부탁합니다.

私 を そこ へ 連れて 行って くれますか?
와타시 | 오 | 소코 | 에 | 츠레테 | 잍테 | 쿠레마스카?
나 | 를 | 거기 | 으로 | 데려 | 가 | 줄 수 있습니까?

トランク を 開けて ください。
토랑쿠 | 오 | 아케테 | 쿠다사이.
트렁크 | 를 | 열어 | 주세요.

可以 送 我 去 那里 吗?

kě yǐ | sòng | wǒ | qù | nà lǐ | ma?
커 이 | 쑹 | 워 | 취 | 나 올리 | 마?
할 수 있다 | 데려다주다 | 나 | 가다 | 거기 | 의문?

请 打开 一下 后备箱。
qǐng | dǎ kāi | yí xià | hòu bèi xiāng.
칭 | 다 카이 | 이 씨아 | 허우 뻬이 씨앙.
부탁하다 존칭 | 열다 | 좀 ~하다 | 트렁크.

한국어		🇬🇧 English	🇯🇵 日本語	🇨🇳 中文
지도		map / 매앱	地図 / 치즈	地图 / 띠 투
주소		address / 어드뤠쓰	住所 / 쥬우 쇼	住址 / 쮸ˇ 즈ˇ
정거장		station / 스떼이션	駅 / 에키	车站 / 쳐ˊ 짠ˋ
도시		city / 쓰이티	都会 / 토 카이	城市 / 청ˊ 쓰ˋ
번화가		downtown / 다운타운	繁華街 / 항 카 가이	市中心 / 쓰ˋ 쭝ˉ 씬ˉ
목적지		destination / 데스티네이션	目的地 / 모쿠 테키 치	目的地 / 무 띠 띠
길		way / 웨이	道 / 미치	路 / 을루
거리		street / 스트뤼잇	町 / 마치	街道 / 찌에 따오
지름길		shortcut / 쇼오ˊ커엇	近道 / 치카미치	捷径 / 지에 찡
고속도로		expressway / 익쓰프레쓰웨이	高速道路 / 코오 소쿠 도오 로	高速公路 / 까오 쑤 꽁 을루
탑		tower / 타우어ˊ	タワー / 타와ㅡ	塔 / 타
다리		bridge / 브륏쥐	橋 / 하시	桥 / 챠오

053 여기서 내려줄 수 있어?
여기서 세워 주세요.

Can you drop me off here?
캔 | 유우 | 드라아프 | 미이 | 어어프 | 히어「?
할 수 있다 | 너 | 내려주다 | 나를 | 멀리 | 여기서?

Stop here please.
스따압 | 히어「 | 플리이즈.
멈추다 | 여기서 | 부탁합니다.

ここ で 下ろして もらえますか?
코코 | 데 | 오로시테 | 모라에마스카?
여기 | 에서 | 내려 | 받을 수 있습니까?

ここ で 止めて ください。
코코 | 데 | 토메테 | 쿠다사이.
여기 | 에서 | 세워 | 주세요.

可以 让 我 在 这里 下车 吗?
kě yǐ | ràng | wǒ | zài | zhè lǐ | xià chē | ma?
커 이 | 랑 | 워 | 짜이 | 쪄「 울리 | 씨아 쳐「 | 마?
할 수 있다 | 하게 하다 | 나 | ~에 | 여기 | 내리다 | 의문?

请 停 在 这里。
qǐng | tíng | zài | zhè lǐ.
칭 | 팅 | 짜이 | 쪄「 울리.
부탁하다[존칭] | 멈추다 | ~에 | 여기.

054 얼마예요?

잔돈은 괜찮아요.

How much?
하우 | 머취?
얼마나 | 많이?

Keep the change.
키입 | 더 췌인쥐.
가지다 | 그 잔돈.

いくら ですか?
이쿠라 | 데스카?
얼마 | 입니까?

お釣り は 結構 です。
오츠리 | 와 | 켁코오 | 데스.
거스름돈 | 은 | 괜찮음 | (합니다).

多少 钱?
duō shǎo | qián?
뚜어 샤ˇ오 | 치엔?
얼마나 | 돈?

不用 找 了。
bú yòng | zhǎo | le.
부 용 | 쟈ˇ오 | 을러.
필요 없다 | 거슬러 주다 | 주장.

055 이곳이 얼마나 먼가요?
몇 정거장이나 떨어져 있나요?

How far is it?
하우 파ʳ아ʳ | 이즈 | 이트?
얼마나 멀리 | 이다 | 이것?

How many stops from here?
하우 메니 | 스따압ㅆ | 프ʳ뢈 | 히어ʳ?
얼마나 많은 | 정거장들 | ~부터 | 여기서?

ここは どれ くらい 遠い ですか?
코코와 | 도레 | 쿠라이 | 토오이 | 데스카?
여기는 | 어느 | 정도 | 멀다 | 입니까?

ここから いくつ 目の 停留所 ですか?
코코카라 | 이쿠츠 | 메노 | 테에류우죠 | 데스카?
여기서 | 몇 | 번째 | 정류장 | 입니까?

请问这里有多远?
qǐng | wèn | zhè lǐ | yǒu | duō | yuǎn?
칭 | 원 | 쪄ʳ 을리 | 여우 | 뚜어 | 위엔?
부탁하다[존칭] | 묻다 | 여기 | 있다 | 얼마나 | 멀다?

到那里还有几站?
dào | nà lǐ | hái | yǒu | jǐ | zhàn?
따오 | 나 을리 | 하이 | 여우 | 지 | 짠ʳ?
까지 | 거기 | 아직 | 있다 | 몇 | 정거장?

		🇬🇧	🇯🇵	🇨🇳
멀리 있는		far 파아	遠い 토오이	远 위엔
가까운		close 클로우쓰	近い 치카이	近 찐
곧은	→	straight 스트뤠잇	真っ直ぐな 맛스구나	直 즈
화창한		sunny 써니	晴れた 하 레타	晴朗 칭올랑
비가 오는		raining 레이닝	雨の 아메노	下雨 씨아 위
바람 부는		windy 윈디	風が吹く 카제 가 후쿠	刮风 꽈펑
흐린		cloudy 클라우디	曇った 쿠못타	阴天 인 티엔

056 이 버스 시내로 가나요?
어느 버스가 시내로 가나요?

Go to downtown?
고우 | 투 | 다운타운?
가다 | ~로 | 시내?

Which bus goes downtown?
위취 | 버쓰 | 고우즈 | 다운타운?
어떤 | 버스 | 가다 | 시내?

この バス は 市内 へ 行き ますか?
코노 | 바스 | 와 | 시나이 | 에 | 이키 | 마스카?
이 | 버스 | 는 | 시내 | 로 | 감 | (합니까)?

どの バス が 市内 へ 行き ますか?
도노 | 바스 | 가 | 시나이 | 에 | 이키 | 마스카?
어느 | 버스 | 가 | 시내 | 로 | 감 | (합니까)?

这 辆 公交车 去 市内 吗?
zhè | liàng | gōng jiāo chē | qù | shì nèi | ma?
쩌ʳ | 을리앙 | 꽁 쨔오 쳐ʳ | 취 | 쓰ʳ 네이 | 마?
이 | 대 | 버스 | 가다 | 시내 | 의문?

请 问 哪 辆 公交车 去 市内?
qǐng | wèn | nǎ | liàng | gōng jiāo chē | qù | shì nèi?
칭 | 원 | 나 | 을리앙 | 꽁 쨔오 쳐ʳ | 취 | 쓰ʳ 네이?
부탁하다 존칭 | 묻다 | 어느 | 대 | 버스 | 가다 | 시내?

057 버스가 얼마나 자주 오나요?

두 시간마다.

How often does the bus run?
하우 어어픈ᶠ | 더즈 | 더 버쓰 | 륀?
얼마나 자주 | 하다 | 그 버스 | 운영하다?

Every two hours.
에브ᵛ뤼 | 투우 아우웤ᵉᵣ쓰.
모든 | 두 시간들.

バス は どの くらい の 間隔で 来ますか?
바스 | 와 | 도노 | 쿠라이 | 노 | 캉카쿠데 | 키마스카?
버스 | 는 | 어느 | 정도 | 의 | 간격으로 | 옵니까?

二 時間 ごとに。
니 | 지캉 | 고토니.
두 | 시간 | 마다.

请 问 公交车 多 久 来 一 趟?
qǐng | wèn | gōng jiāo chē | duō | jiǔ | lái | yí | tàng?
칭 | 원 | 꽁 쨔오 쳐ʳ | 뚜어 | 지우 | 을라이 | 이 | 탕?
부탁하다[존칭] | 묻다 | 버스 | 얼마나 | 오래 | 오다 | 하나 | 번?

每 两 个 小时。
měi | liǎng | gè | xiǎo shí.
메이 | 을리앙 | 꺼 | 샤오 스ʳ.
매 | 두 | 개 | 시간.

058 편도 표 두 장 주세요.

왕복표 두 장 주세요.

Two one-way tickets, please.
투우 원 웨이 티킷츠, | 플리이즈.
두 편도 표들, | 부탁합니다.

Two round tickets, please.
투우 라운드 티킷츠, | 플리이즈.
두 왕복 표들, | 부탁합니다.

片道 チケット を 2 枚 下さい。
카타미치 | 치켙토 | 오 | 니 | 마이 | 쿠다사이.
편도 | 표 | 를 | 두 | 장 | 주세요.

往復 チケット を 2 枚 下さい。
오오후쿠 | 치켙토 | 오 | 니 | 마이 | 쿠다사이.
왕복 | 표 | 를 | 두 | 장 | 주세요.

请 给 我 两 张 单程 票。
qǐng | gěi | wǒ | liǎng | zhāng | dān chéng | piào.
칭 | 게이 | 워 | 을리앙 | 쨩ㄱ | 딴 청ㄱ | 퍄오.
부탁하다[존칭] | 주다 | 나 | 두 | 장 | 편도 | 표.

请 给 我 两 张 往返 票。
qǐng | gěi | wǒ | liǎng | zhāng | wǎng fǎn | piào.
칭 | 게이 | 워 | 을리앙 | 쨩ㄱ | 왕 판ㄴ | 퍄오.
부탁하다[존칭] | 주다 | 나 | 두 | 장 | 왕복 | 표.

059 환승을 해야 하나요?
지하철 노선도 하나 주시겠어요?

Do I need to transfer?
두우 | 아이 | 니이드 | 투 트뤤쓰퍼「어ㄹ?
하다 | 나 | 해야 하다 | 갈아타기를?

Can I have a subway map?
캔 | 아이 | 해브ᵛ | 어 썹웨이 맵?
할 수 있다 | 나 | 가지다 | 하나의 지하철 노선도?

乗り換え が 必要 ですか?
노리카에 | 가 | 히츠요오 | 데스카?
환승 | 이 | 필요 | 입니까?

地下鉄 路線図 一 枚 ください。
치카테츠 | 로센즈 | 이치 | 마이 | 쿠다사이.
지하철 | 노선도 | 하나 | 장 | 주세요.

需要 换乘 吗?
xū yào | huàn chéng | ma?
쒸 야오 | 환 청ㄹ | 마?
필요하다 | 환승하다 | [의문]?

可以 给 我 一 张 地铁 路线图 吗?
kě yǐ | gěi | wǒ | yì | zhāng | dì tiě | lù xiàn tú | ma?
커 이 | 게이 | 워 | 이 | 쨩ʳ | 띠 티에 | 을루 씨엔 투 | 마?
할 수 있다 | 주다 | 나 | 하나 | 장 | 전철 | 노선도 | [의문]?

060 차를 한 대 빌리고 싶어요.
하루에 얼마씩인가요?

I would like to rent a car.
아이 | 우드 올라익 | 투 뤤트 | 어 카아ʳ.
나 | 하고 싶다 | 빌리기를 | 하나의 차.

How much is it for 1 day?
하우 머취 | 이즈 | 잇 | 포ʳ | 원 데이?
얼마나 많은 | 이다 | 그것 | ~에 | 하루?

車を1台借りたいです。
쿠루마 | 오 | 이치 | 다이 | 카리 | 타이 | 데스.
차 | 를 | 하나 | 대 | 빌림 | ~하고 싶다 | 입니다.

1日の料金はいくらですか?
이치 | 니치 | 노 | 료킹 | 와 | 이쿠라 | 데스카?
하나 | 일 | 의 | 요금 | 은 | 얼마 | 입니까?

我想借一辆车。
wǒ | xiǎng | jiè | yī | liàng | chē.
워 | 시앙 | 찌에 | 이 | 을리앙 | 쳐ʳ.
나 | 하고 싶다 | 빌리다 | 하나 | 대 | 차.

请问一天多少钱?
qǐng | wèn | yì | tiān | duō shǎo | qián?
칭 | 원 | 이 | 티엔 | 뚜어 샤ʳ오 | 치엔?
부탁하다[존칭] | 묻다 | 하나 | 일 | 얼마 | 돈?

061 실례합니다.

지하철역을 찾고 있어요.

Excuse me.
익쓰큐우즈 | 미이.
양해하다 | 나를.

I am looking for a subway station.
아이 | 앰 | 을루킹 | 포ʳ어ʳ | 어 | 썹웨이 스떼이션.
나 | 이다 | 보고 있는 | ~을 위해 | 하나의 지하철역.

失礼 し ます。/ あの、すみません。
시츠레에 | 시 | 마스. / 아노、스미마셍.
실례 | 함 | (합니다). / 저, 미안합니다.

地下鉄 の 駅を 探して います。
치카테츠 | 노 | 에키 | 오 | 사가시테 | 이마스.
지하철 | 의 | 역 | 을 | 찾고 | 있습니다.

打扰 一下。
dǎ rǎo | yí xià.
다 라오 | 이 씨아.
방해하다 | 좀 ~하다.

我 在 找 地铁站。
wǒ | zài | zhǎo | dì tiě zhàn.
워 | 짜이 | 쟈ʳ오 | 띠 티에 짠ʳ.
나 | 하고 있다 | 찾다 | 지하철역.

062 버스 정류장이 어디에 있나요?

이 근처에요.

Where is the bus stop?
웨어ᵣ | 이즈 | 더 버쓰 스따프?
어디 | 이다 | 그 버스 정류장?

It's near here.
잇츠 | 니어ᵣ | 히어ᵣ.
이것은 | ~이다 | 가까운 | 여기서.

バス停 は どこ ですか?
바스테에 | 와 | 도코 | 데스카?
버스 정류장 | 은 | 어디 | 입니까?

この 近所 です。
코노 | 킨죠 | 데스.
이 | 근처 | 입니다.

请问 公交站 在 哪里?
qǐng | wèn | gōng jiāo zhàn | zài | nǎ lǐ?
칭 | 원 | 꽁 쨔오 짠ᵣ | 짜이 | 나 올리?
부탁하다[존칭] | 묻다 | 버스 정거장 | ~에 있다 | 어디?

在 这 附近。
zài | zhè | fù jìn.
짜이 | 쪄ᵣ | 푸ᵣ 찐.
~에 있다 | 이 | 부근.

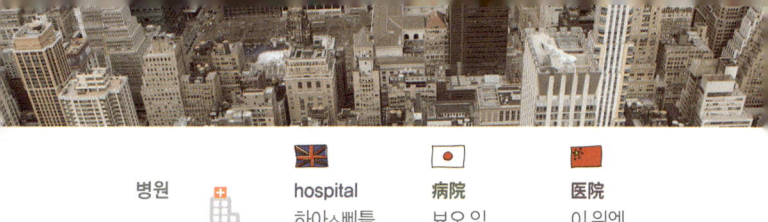

한국어		English 🇬🇧	日本語 🇯🇵	中文 🇨🇳
병원		hospital 하아스삐틀	**病院** 뵤오 잉	**医院** 이 위엔
은행		bank 뱅크	**銀行** 깅 코오	**银行** 인 항
약국		pharmacy 파아ʳ머쓰이	**薬局** 약 쿄쿠	**药房** 야오 팡ʳ
아파트		apartment 어파아ʳ트먼트	**マンション** 만숑	**公寓** 꽁 위
빌딩		building 빌딩	**ビル** 비루	**大厦** 따 쌰ʳ
학교		school 스꾸울	**学校** 각 코오	**学校** 쉬에 쌰오
대학		university 유우니버ᵛ어ʳ쓰이티	**大学** 다이 가쿠	**大学** 따 쉬에
공원		park 파아ʳ크	**公園** 코오 엥	**公园** 꽁 위엔
광장		square 스퀘어ʳ	**広場** 히로 바	**广场** 구앙 창ʳ
화장실		toilet 토일렛	**トイレ** 토이레	**卫生间 (洗手间)** 웨이 셩 찌엔 (시 셔ʳ우 찌엔)
매표소		ticket office 티킷 어어피ᵖ스	**チケット売り場** 치켓토우 리 바	**售票处** 쎠ʳ우 퍄오 츄ʳ
버스 정류장		bus stop 버쓰 스따프	**バス停** 바스 테에	**公交站** 꽁 쨔오 짠ʳ

063 얼마나 멀리?

2시간은 걸릴걸요.

How far?
하우 파「아'?
얼마나 멀리?

It takes 2 hours.
잇 ᅵ 테익ㅆ ᅵ 투우 아우워「ㅆ.
이것 ᅵ 걸린다 ᅵ 두 시간들.

どれ くらい 遠い?
도레 ᅵ 쿠라이 ᅵ 토오이?
얼마 ᅵ 정도 ᅵ 멀어?

それ、2 時間 は かかり ます。
소레、ᅵ 니 ᅵ 지캉 ᅵ 와 ᅵ 카카리 ᅵ 마스.
그거、ᅵ 두 ᅵ 시간 ᅵ 은 ᅵ 걸림 ᅵ (합니다).

多 远?
duō ᅵ yuǎn?
뚜어 ᅵ 위엔?
얼마나 ᅵ 멀리?

这 需要 2 个 小时。
zhè ᅵ xū yào ᅵ liǎng ᅵ gè ᅵ xiǎo shí.
져「 ᅵ 쒸 야오 ᅵ 을리앙 ᅵ 꺼 ᅵ 샤오 스「.
이것 ᅵ 필요하다 ᅵ 두 ᅵ 개 ᅵ 시간.

한국어		🇬🇧 English	🇯🇵 日本語	🇨🇳 中文
상점		store / 스토어	店 / 미세	商店 / 쌍 띠엔
슈퍼마켓		supermarket / 쑤우퍼 마아킷	スーパーマーケット / 스-파-마-켄토	超市 / 챠오 쓰
시장		market / 마아킷	マーケット / 마-켄토	市场 / 쓰 창
벼룩시장		flea market / 플리이 마아킷	フリーマーケット / 후리-마-켄토	跳蚤市场 / 탸오 자오 쓰 창
쇼핑센터		shopping center / 샤아삥 쎈터	ショッピングセンター / 숍핑구센타-	购物中心 / 꺼우 우 쭝 씬
백화점		department store / 디파이트먼트 스토어	デパート / 데파-토	百货商店 / 바이 후어 쌍 띠엔
기념품 가게		souvenir shop / 수베니어 샵	記念品商店 / 키넨힌쇼오텡	纪念品商店 / 찌 니엔 핀 쌍 띠엔
쇼핑		shopping / 샤아삥	ショッピング / 숍핑구	购物 / 꺼우 우
가격		price / 프라이스	値段 / 네단	价格 / 찌아 거
판매		sale / 쎄일	販売 / 함바이	销售 / 샤오 셔우
할인		discount / 디스카운트	割引 / 와리비키	折扣 / 져 커우
반값		half-price / 해프-프라이스	半額 / 항가쿠	半价 / 빤 찌아

064 어느 쪽이에요?

이쪽이에요.

Which way?
위취 웨이?
어떤 길?

This way.
디쓰 웨이.
이쪽 길.

どちら ですか?
도치라 | 데스카?
어느 쪽 | 입니까?

こちら です。
코치라 | 데스.
이쪽 | 입니다.

哪个 方向? / 是 哪边?
nǎ ge | fāng xiàng? / shì | nǎ biān?
나 거 | 팡f 씨앙? / 쓰r | 나 삐엔?
어느 | 방향? / 이다 | 어느 쪽?

是 这边。
shì | zhè biān.
쓰r | 쩌r 삐엔.
이다 | 이쪽.

065 여기가 어디예요?

저는 길을 잃었어요.

Where am I?
웨어ㄹ | 앰 | 아이?
어디에 | 이다 | 나?

I am lost.
아이 | 앰 | 을로오스트.
나 | 이다 | 길을 잃은.

ここ は どこ ですか?
코코 | 와 | 도코 | 데스카?
여기 | 는 | 어디 | 입니까?

私 は 道 に 迷い ました。
와타시 | 와 | 미치 | 니 | 마요이 | 마시타.
나 | 는 | 길 | 을 | 헤맴 | (했습니다).

请问这是哪里?
qǐng | wèn | zhè | shì | nǎ lǐ?
칭 | 원 | 쪄ㄹ | 쓰ㄹ | 나 울리?
부탁하다[존칭] | 묻다 | 여기 | 이다 | 어디?

我 迷路 了。
wǒ | mí lù | le.
워 | 미 을루 | 울러.
나 | 길을 잃다 | [완료].

066 거기에 어떻게 갈 수 있죠?

거기까지 걸어서 갈 수 있나요?

How can I get there?
하우 | 캔 | 아이 | 겟 | 데어ʳ?
어떻게 | 할 수 있다 | 나 | 도달하다 | 거기에?

Can I go there on foot?
캔 | 아이 | 고우 | 데어ʳ | 어언 | 푸ʰ트?
할 수 있다 | 나 | 가다 | 거기에 | 으로 | 발?

そこ へ どう やって 行けますか?
소코 | 에 | 도오 | 얕테 | 이케마스카?
거기 | 에 | 어떻게 | 해서 | 갈 수 있습니까?

そこ まで 歩いて 行けますか?
소코 | 마데 | 아루이테 | 이케마스카?
거기 | 까지 | 걸어서 | 갈 수 있습니까?

怎么 走?
zěn me | zǒu?
전 머 | 저우?
어떻게 | 가다?

可以 走路 去 那里 吗?
kě yǐ | zǒu lù | qù | nà lǐ | ma?
커 이 | 저우 울루 | 취 | 나 울리 | 마?
할 수 있다 | 걷다 | 가다 | 거기 | 의문?

한국어	🇬🇧 English	🇯🇵 日本語	🇨🇳 中文
버스	bus / 버쓰	バース / 바스	公交车 / 꽁쨔오 쳐ⓇSaid
지하철	subway / 썹웨이	地下鉄 / 치카테츠	地铁 / 띠 티에
자동차	car / 카아ⓇSaid	自動車 / 지도오샤	汽车 / 치 쳐ⓇSaid
택시	taxi / 택쓰이	タクシー / 탁시-	出租车 / 츄ⓇSaid쭈 쳐ⓇSaid
기차	train / 트뤠인	列車 / 렛샤	火车 / 후어 쳐ⓇSaid
자전거	bicycle / 바이쓰이클	自転車 / 지텐샤	自行车 / 쯔 싱 쳐ⓇSaid
오토바이	motorcycle / 모우터ⓇSaid싸이클	オートバイ / 오-토바이	摩托车 / 모어 투어 쳐ⓇSaid
배	ship / 쉬입	船 / 후네	船 / 추ⓇSaid안
비행기	airplane / 에어ⓇSaid플레인	飛行機 / 히코오키	飞机 / 페이 찌
교통	traffic / 트뤠픽ⓇSaid	交通 / 코오츠으	交通 / 쨔오 통
짐칸	trunk / 트륑크	トランク / 토랑쿠	后备箱 / 허우 뻬이 씨앙
운전수	driver / 드라이버ⓥⓇSaid	運転手 / 운텐슈	司机 / 쓰 찌

067 직선으로 쭉 가세요.

왼쪽으로 꺾으세요.

Go straight.
고우 ǀ 스트뤠이트.
가다 ǀ 곧장.

Turn left.
터언「ǀ 을레프「트.
돌다 ǀ 왼쪽으로.

まっすぐ 行って ください。
맏스구 ǀ 읻테 ǀ 쿠다사이.
곧장 ǀ 가 ǀ 주세요.

左 に 曲がって ください。
히다리 ǀ 니 ǀ 마갇테 ǀ 쿠다사이.
왼쪽 ǀ 으로 ǀ 구부러져 ǀ 주세요.

直 走。
zhí ǀ zǒu.
즈「 ǀ 저우.
곧장 ǀ 가다.

左拐。
zuǒ ǀ guǎi.
주어 ǀ 과이.
왼쪽 ǀ 돌다.

	🇬🇧	🇯🇵	🇨🇳
안쪽	Inside 인싸이드	中 나카	里面 을리 미엔
바깥쪽	Outside 아웃싸이드	外 소토	外面 와이 미엔
직접, 곧장	Directly 디렉틀리	直接に 쵸쿠 세츠 니	直接 즈ʳ 찌에
국내의	Domestic 더메스틱	国内の 코쿠 나이 노	国内 구어 네이
국제적인	International 인터ʳ내셔널	国際的な 코쿠사이테키나	国际 구어 찌
외국의	Foreign 포ʳ에ʳ륀	外国の 가이 코쿠 노	国外 구어 와이
닫힌	Closed 클로우즈드	閉まった 시 맏타	关门 꽌 먼
열린	Open 오우픈	開いた 히라 이타	开门 카이 먼

068 현대 미술관에 가려면 어떻게 해야 하나요?

7번 버스를 타.

How can I get to the Museum of modern art?
하우 | 캔 | 아이 | 겟 | 투 | 더 뮤지이엄 | 어브ᵛ | 마아던ᵣ 아ᵣ트?
어떻게 | 할 수 있다 | 나 | 도달하다 | ~에 | 그 박물관 | ~의 | 현대의 미술?

Take the bus number 7.
테익 | 더 버쓰 | 넘버ᵣ 쎄븐v.
타다 | 그 버스 | 번호 7.

現代 美術館 へ 行く なら、どう 行けば いい ですか?
겐다이 | 비쥬츠캉 | 에 | 이쿠 | 나라、 | 도오 | 이케바 | 이이 | 데스카?
현대 | 미술관 | 에 | 가다 | 라면、 | 어떻게 | 가면 | 좋다 | 입니까?

七番 の バス に 乗れば いい です。
나나 | 반 | 노 | 바스 | 니 | 노레바 | 이이 | 데스.
7 | 번 | 의 | 버스 | 에 | 타면 | 좋다 | 입니다.

请问 现代 美术馆 怎么 走?
qǐng | wèn | xiàn dài | měi shù guǎn | zěn me | zǒu?
칭 | 원 | 씨엔 따이 | 메이 쓔ᵣ 관 | 전 머 | 저우?
부탁하다[존칭] | 묻다 | 현대 | 미술관 | 어떻게 | 가다?

坐 7 号 公交车。
zuò | qī | hào | gōng jiāo chē.
쭈어 | 치 | 하오 | 꿍 쨔오 쳐ᵣ.
앉다 | 7 | 번 | 버스.

069 체크인하고 싶습니다.
여권 좀 보여 주시겠어요?

Check in, please.
췌엑 인, ㅣ플리이즈.
체크인, ㅣ부탁합니다.

May I see your passport?
메이 아이 ㅣ쓰이 ㅣ유어「ㅣ패쓰포어「트?
해도 될까요ㅣ보다ㅣ너의 여권?

チェックイン し たい です。
쳭쿠인 ㅣ시ㅣ타이ㅣ데스.
체크인ㅣ함ㅣ~하고 싶다ㅣ입니다.

パスポート を 見せて もらえますか?
파스포ー토 ㅣ오ㅣ미세테ㅣ모라에마스카?
여권ㅣ을ㅣ보여ㅣ받을 수 있습니까?

我 想 登记。
wǒ ㅣxiǎng ㅣdēng jì.
워ㅣ시앙ㅣ떵 찌.
나ㅣ하고 싶다ㅣ체크인하다.

请 给 我 看 一下 护照。
qǐng ㅣgěi ㅣwǒ ㅣkàn ㅣyí xià ㅣhù zhào.
칭ㅣ게이ㅣ워ㅣ칸ㅣ이 씨아ㅣ후 짜ˇ오.
부탁하다[존칭]ㅣ주다ㅣ나ㅣ보다ㅣ좀 ~하다ㅣ여권.

070 예약하셨나요?

인터넷으로 예약했어요.

Did you make a reservation?
디드 | 유우 | 메익 | 어 뤠져「베v이션?
했다 | 너 | 만들다 | 하나의 예약?

I made a reservation online.
아이 | 메이드 | 어 뤠져「베v이션 | 온라인.
나 | 만들었다 | 하나의 예약 | 온라인으로.

予約 し ましたか?
요야쿠 | 시 | 마시타카?
예약 | 함 | (했습니다)?

ネット で 予約 し ました。
넷토 | 데 | 요야쿠 | 시 | 마시타.
인터넷 | 으로 | 예약 | 함 | (했습니다).

您 预约 了 吗?
nín | yù yuē | le | ma?
닌 | 위 위에 | 을러 | 마?
당신 | 예약하다 | 완료 | 의문 ?

我 在 网上 预订 了。
wǒ | zài | wǎng shàng | yù dìng | le.
워 | 짜이 | 왕 쌍「 | 위 띵 | 을러.
나 | ~에서 | 인터넷상 | 예약하다 | 완료

한국어	English	日本語	中文
체크아웃	check-out 첵 아웃	**チェックアウト** 첵쿠 아우토	**退房** 퉈이 팡
안내 데스크	information desk 인퍼「메이션 데스크	**案内デスク** 안 나이 데스쿠	**服务台** 푸우 타이
안내(원)	concierge 커언쓰이어「쥐	**案内人** 안 나이 닌	**接待员** 찌에 따이 위엔
안내 책자	brochure 브뤄우슈어「	**パンフレット** 판후렌토	**小册子** 샤오 처즈
도어맨	door man 도오어「맨	**ドアマン** 도아망	**门童** 먼통
식당	restaurant 뤠스트라안트	**食堂** 쇼쿠도오	**餐厅** 찬팅
수영장	swimming pool 스위밍 푸울	**プール** 푸-루	**游泳池** 여우용 츠「
예약	reservation 뤠져「베ˇ이션	**予約** 요야쿠	**预约** 위 위에
체크인	check-in 첵 인	**チェックイン** 첵쿠인	**登记** 떵찌
손님	guest 게스트	**お客様** 오캬쿠사마	**客人** 커런
소음	noise 노이즈	**騒音** 소오옹	**噪音** 짜오 인
벌레	insect 인쎅트	**虫** 무시	**虫子** 충「즈

071 몇 시에 체크인할 수 있나요?
가방을 보관해 주실 수 있나요?

When can I check-in?
웬 | 캔 | 아이 | 첵 인?
언제 | 할 수 있다 | 나 | 체크인하다?

Can you keep my bags?
캔 | 유우 | 키입 | 마이 배액스?
할 수 있다 | 너 | 보관하다 | 내 가방들?

何 時 に チェックイン でき ますか?
난 | 지 | 니 | 첵쿠인 | 데키 | 마스카?
몇 | 시 | 에 | 체크인 | 됨 | (합니까)?

チェックイン 前に カバン を 保管 して いただけますか?
첵쿠인 | 마에니 | 카방 | 오 | 호칸 | 시테 | 이타다케마스카?
체크인 | 전에 | 가방 | 을 | 보관 | 해 | 받을 수 있습니까?

请 问 几 点 可以 登记?
qǐng | wèn | jǐ | diǎn | kě yǐ | dēng jì?
칭 | 원 | 지 | 디엔 | 커 이 | 떵 찌?
부탁하다[존칭] | 묻다 | 몇 | 시 | 할 수 있다 | 체크인?

登记 前 可以 帮 我 保管 行李 吗?
dēng jì | qián | kě yǐ | bāng | wǒ | bǎo guǎn | xíng lǐ | ma?
떵 찌 | 치엔 | 커 이 | 빵 | 워 | 바오 관 | 싱 을리 | 마?
체크인 | 전 | 할 수 있다 | 돕다 | 나 | 보관하다 | 짐 | [의문]?

한국어		🇬🇧 English	🇯🇵 日本語	🇨🇳 中文
아침 식사		breakfast / 브뤡퍼스트	朝ご飯 / 아사고항	早餐 / 자오 찬
점심 식사		lunch / 을런춰	ランチ / 란치	午餐 / 우 찬
저녁 식사		dinner / 디너ʳ	夕食 / 유우쇼쿠	晚餐 / 완 찬
음식		food / 푸ʳ우드	食べ物 / 타베모노	食物 / 스ʳ우
점심시간		lunch time / 을런춰 타임	ランチ タイム / 란치 타이무	午餐时间 / 우 찬 스ʳ 찌엔
식사		meal / 미일	食事 / 쇼쿠지	吃饭 / 츠ʳ 판ˇ
간식		snack / 스낵	おやつ / 오야츠	零食 / 을링 스ʳ
배달		delivery / 디을리버ᵛ뤼	配達 / 하이타츠	外卖 / 와이 마이

072 체크아웃은 언제인가요?
아침 식사는 언제인가요?

When is check-out?
웬 | 이즈 | 췍 아우트?
언제 | 이다 | 체크아웃?

When is breakfast?
웬 | 이즈 | 브뤡퍼ᶠ스트?
언제 | 이다 | 아침 식사?

チェックアウト は いつ ですか?
첵쿠아우토 | 와 | 이츠 | 데스카?
체크아웃 | 은 | 언제 | 입니까?

朝食 は いつ ですか?
쵸오쇼쿠 | 와 | 이츠 | 데스카?
조식 | 은 | 언제 | 입니까?

请 问 退房 是 几 点?
qǐng | wèn | tuì fáng | shì | jǐ | diǎn?
칭 | 원 | 퉈이 팡ᶠ | 쓰ʳ | 지 | 디엔?
부탁하다[존칭] | 묻다 | 체크아웃 | 이다 | 몇 | 시?

请 问 早餐 是 几 点?
qǐng | wèn | zǎo cān | shì | jǐ | diǎn?
칭 | 원 | 자오 찬 | 쓰ʳ | 지 | 디엔?
부탁하다[존칭] | 묻다 | 아침 | 이다 | 몇 | 시?

073 여기에 얼마나 머무르실 건가요?

3박.

How long are you staying here?

하우 ㄹ로옹 │ 아ʳ │ 유우 │ 스떼잉 │ 히어ʳ?
얼마나 오래 │ 이다 │ 너 │ 머무는 │ 여기에?

3 nights.
뜨ᵗʰ뤼이 │ 나이츠.
3 │ 밤들.

どの 程度 滞在 する 予定 ですか?

도노 │ 테에도 │ 타이자이 │ 스루 │ 요테에 │ 데스카?
어느 │ 정도 │ 체재 │ 하다 │ 예정 │ 입니까?

三泊。
삼파쿠.
3박.

请 问 你 要 住 几 天?

qǐng │ wèn │ nǐ │ yào │ zhù │ jǐ │ tiān?
칭 │ 원 │ 니 │ 야오 │ 쭈ʳ │ 지 │ 티엔?
부탁하다[존칭] │ 묻다 │ 너 │ 원하다 │ 머물다 │ 몇 │ 일?

三 天。
sān │ tiān.
싼 │ 티엔.
3 │ 일.

074 방을 예약할 수 있을까요?

예약이 꽉 찼어요.

Can I book a room?
캔 | 아이 | 부욱 | 어 루움?
할 수 있다 | 나 | 예약하다 | 하나의 방?

Fully booked.
풀리 북트.
가득히 예약된.

部屋 の 予約 を し たい の ですが。
헤야 | 노 | 요야쿠 | 오 | 시 | 타이 | 노 | 데스가.
방 | 의 | 예약 | 을 | 함 | ~하고 싶다 | 것 | 입니다만.

予約 は 埋まって います。
요야쿠 | 와 | 우맏테 | 이마스.
예약 | 은 | 다 차 | 있습니다.

可以 预定 房间 吗?
kě yǐ | yù dìng | fáng jiān | ma?
커 이 | 위 띵 | 팡 찌엔 | 마?
할 수 있다 | 예약하다 | 방 | [의문]?

预定 满 了。
yù dìng | mǎn | le.
위 띵 | 만 | 울러.
예약하다 | 가득하다 | [완료].

075 싱글룸으로 주세요.
숙박료가 얼마인가요?

Single room, please.
쓰잉글 루움, | 플리이즈.
싱글룸, | 부탁합니다.

What is the room rate?
왓 | 이즈 | 더 루움 | 레이트?
무엇 | 이다 | 그 방 | 요금?

シングルルーム ください。
싱구루루―무 | 쿠다사이.
싱글룸 | 주세요.

宿泊料 は いくら ですか?
슈쿠하쿠료오 | 와 | 이쿠라 | 데스카?
숙박료 | 는 | 얼마 | 입니까?

请 给 我 单人间。
qǐng | gěi | wǒ | dān rén jiān.
칭 | 게이 | 워 | 딴 런 찌엔.
부탁하다[존칭] | 주다 | 나 | 싱글룸.

住宿费 是 多少?
zhù sù fèi | shì | duō shǎo?
쭈r 쑤 페이 | 쓰r | 뚜어 샤오?
숙박료 | 이다 | 얼마?

076 하룻밤 더 묵고 싶습니다.
방 번호를 알려 주세요.

I would like to stay one more night.
아이 | 우드 올라익 | 투 스떼이 | 원 모어ʳ | 나이트.
나 | 하고 싶다 | 머무르기를 | 하나 더 | 밤.

Your room number, please.
유어ʳ 루움 | 넘버ʳ, | 플리이즈.
너의 방 | 번호, | 부탁합니다.

もう 一 日 泊まり たい です。
모오 | 이치 | 니치 | 토마리 | 타이 | 데스.
더 | 하나 | 일 | 머뭄 | ~하고 싶다 | 입니다.

部屋 番号 を 教えて ください。
헤야 | 방고오 | 오 | 오시에테 | 쿠다사이.
방 | 번호 | 를 | 알려 | 주세요.

我 想 再 住 一 晚。
wǒ | xiǎng | zài | zhù | yì | wǎn.
워 | 시앙 | 짜이 | 쭈ʳ | 이 | 완.
나 | 하고 싶다 | 또 | 살다 | 하나 | 저녁.

请 告诉 我 房间 号。
qǐng | gào su | wǒ | fáng jiān | hào.
칭 | 까오 수 | 워 | 팡ʳ 찌엔 | 하오.
부탁하다[존칭] | 말하다 | 나 | 방 | 번호.

한국어		🇬🇧 English	🇯🇵 日本語	🇨🇳 中文
호텔		hotel 호우텔	ホテル 호테루	酒店 지우 띠엔
방		room 루움	ルーム 루-무	房间 팡ᶠ 찌엔
방 번호		room number 루움 넘버ᵣ	ルーム ナンバー 루-무 남바-	房号 팡ᶠ 하오
열쇠		key 키이	鍵 카기	钥匙 야오 스ᵣ
침대		bed 베드	ベッド 벧도	床 추ᵣ앙
싱글 침대		single bed 쓰잉글 베드	シングル ベッド 싱구루 벧도	单人床 딴 런 추ᵣ앙
더블 침대		double bed 더브을 베드	ダブル ベッド 다부루 벧도	双人床 쓔ᵣ앙 런 추ᵣ앙
트윈 침대		twin bed 트윈 베드	ツイン ベッド 츠임 벧도	两张单人床 을리앙 쨩ᶠ 딴 런 추ᵣ앙
간이 침대		extra bed 엑쓰트라 베드	エキストラ ベッド 에키스토라 벧도	加床 찌아 추ᵣ앙
선풍기		fan 팬ᶠ	扇風機 셈푸우 키	电风扇 띠엔 펑ᶠ 쌴ᵣ
에어컨		air conditioner 에어ᵣ 컨디셔너ᵣ	エアコン 에아콩	空调 콩 탸오
인터넷		Internet 인터ᵣ넷	インターネット 인타-넷토	互联网 후 을리엔 왕

127

077 체크아웃하고 싶습니다.
즐겁게 머물렀습니다.

Check out, please.
췌엑 아우트, ǀ 플리이즈.
체크아웃, ǀ 부탁합니다.

I enjoyed my stay.
아이 ǀ 인조이드 ǀ 마이 스떼이.
나 ǀ 즐겼다 ǀ 내 체류.

チェックアウト し たい です。
첵쿠아우토 ǀ 시 ǀ 타이 ǀ 데스.
체크아웃 ǀ 함 ǀ ～하고 싶다 ǀ 입니다.

とても 楽しかった です。
토테모 ǀ 타노시캇타 ǀ 데스.
매우 ǀ 즐거웠다 ǀ 입니다.

我 想 退房。
wǒ ǀ xiǎng ǀ tuì fáng.
워 ǀ 시앙 ǀ 퉈이 팡ˊ.
나 ǀ 하고 싶다 ǀ 체크아웃.

这 段 时间 我 很 开心。
zhè ǀ duàn ǀ shí jiān ǀ wǒ ǀ hěn ǀ kāi xīn.
쪄ˋ ǀ 뚜안 ǀ 스ˊ 찌엔 ǀ 워 ǀ 헌 ǀ 카이 씬.
이 ǀ 동안 ǀ 시간 ǀ 나 ǀ 매우 ǀ 기쁘다.

078 방 청소 부탁합니다.

7시에 깨워 주세요.

Clean up my room, please.
클리인 업 | 마이 루움, | 플리이즈.
청소하다 | 내 방, | 부탁합니다.

Wake-up call at seven, please.
웨익-업 코올 | 엣 | 쎄븐v, | 플리이즈.
모닝콜 | ~에 | 7시, | 부탁합니다.

部屋 の 掃除 を お願い し ます。
헤야 | 노 | 소오지 | 오 | 오네가이 | 시 | 마스.
방 | 의 | 청소 | 를 | 부탁 | 함 | (합니다).

7 時 に 起こして ください。
시치 | 지 | 니 | 오코시테 | 쿠다사이.
7 | 시 | 에 | 깨워 | 주세요.

请 给 我 打扫 一下 房间。
qǐng | gěi | wǒ | dǎ sǎo | yí xià | fáng jiān.
칭 | 게이 | 워 | 다 사오 | 이 씨아 | 팡f 찌엔.
부탁하다[존칭] | 주다 | 나 | 청소하다 | 좀 ~하다 | 방.

可以 7 点 叫 我 起床 吗?
kě yǐ | qī | diǎn | jiào | wǒ | qǐ chuáng | ma?
커 이 | 치 | 디엔 | 쨔오 | 워 | 치 추ʳ앙 | 마?
할 수 있다 | 7 | 시 | 부르다 | 나 | 일어나다 | [의문]?

079 인터넷을 사용할 수 있나요?
침대를 추가로 이용할 수 있어요?

Can I use the internet?
캔ㅣ아이ㅣ유우즈ㅣ디 인터「네트?
할 수 있다ㅣ나ㅣ사용하다ㅣ그 인터넷?

Can I have an extra bed?
캔ㅣ아이ㅣ해브ᵛㅣ언 엑쓰트라 베드?
할 수 있다ㅣ나ㅣ가지다ㅣ하나의 여분의 침대?

インターネット でき ますか?
인타ー넷토ㅣ데키ㅣ마스카?
인터넷ㅣ됨ㅣ(합니까)?

エキストラ ベッド を もらえますか?
에키스토라ㅣ벧도ㅣ오ㅣ모라에마스카?
추가ㅣ침대ㅣ를ㅣ받을 수 있습니까?

我 能 上网 吗?
wǒㅣnéngㅣshàng wǎngㅣma?
워ㅣ넝ㅣ쌍ˇ 왕ˇㅣ마?
나ㅣ할 수 있다ㅣ인터넷을 하다ㅣ의문?

可以 加 床 吗?
kě yǐㅣjiāㅣchuángㅣma?
커 이ㅣ찌아ㅣ추「앙ㅣ마?
할 수 있다ㅣ추가하다ㅣ침대ㅣ의문?

한국어		🇬🇧 English	🇯🇵 日本語	🇨🇳 中文
무선 인터넷		Wi-Fi 와이파ʳ이	ワイファイ 와이화이	无线网络 우 씨엔 왕 을루어
문		door 도오어ʳ	ドア 도아	门 먼
창문		window 윈도우	窓 마도	窗户 추ʳ앙후
커튼		curtain 커어ʳ튼	カーテン 카텡	窗帘 추ʳ앙을리엔
금고		safety-deposit box 쎄이프티-디파짓 바악쓰	金庫 킹코	保险箱 바오 시엔 씨앙
전화기		telephone 텔레포온	電話 뎅 와	电话 띠엔 화
미니 바 (냉장고)		mini bar 미니 바아ʳ	ミニバー 미니바-	小冰箱 샤오 삥 씨앙
텔레비전		television 텔레비ᵛ전	テレビ 테레비	电视 띠엔 쓰ʳ
전등		lamp 을램프	電灯 덴 토오	电灯 띠엔 떵
베개		pillow 필로우	枕 마쿠라	枕头 젼ʳ 터우
이불		blanket 블랭킷	布団 후통	被子 뻬이즈
침대 커버		bed cover 베드 커버ᵛʳ	ベッド カバー 벧도 카바-	床罩 추ʳ앙 쨔ʳ오

080 변환 어댑터가 있나요?
세탁 서비스를 이용할 수 있나요?

Do you have an adaptor?
두우 | 유우 | 해브ᵛ | 언 어댑터ʳ?
하다 | 너 | 가지고 있다 | 하나의 어댑터?

Is there a laundry service?
이즈 | 데어ʳ | 어 을러언드뤼 써어ʳ비v스?
이다 | 그곳에 | 하나의 세탁 서비스?

変換 プラグー あり ますか?
헨칸 | 푸라구- | 아리 | 마스카?
변환 플러그 | 있음 | (합니까)?

洗濯 サービス でき ますか?
센타쿠 | 사ー비스 | 데키 | 마스카?
세탁 | 서비스 | 됨 | (합니까)?

有 插头转换器 吗?
yǒu | chā tóu zhuǎn huàn qì | ma?
여우 | 챠ʳ 터우 쥬ʳ안 환 치 | 마?
있다 | 어댑터 | 의문?

请 问 有 洗衣 服务 吗?
qǐng | wèn | yǒu | xǐ yī | fú wù | ma?
칭 | 원 | 여우 | 시 이 | 푸ʳ 우 | 마?
부탁하다 존칭 | 묻다 | 있다 | 세탁하다 | 서비스 | 의문?

한국어	English	日本語	中文
1층	1st floor / 퍼'스트 플'로어'	一階 / 익 카이	一楼 / 이 을러우
지하	basement / 베이쓰먼트	地下 / 치 카	地下 / 띠 씨아
위층	upstairs / 업쓰테어'스	階上 / 카이 죠오	楼上 / 을러우 쌍'
아래층	downstairs / 다운스떼어'즈	階下 / 카이 카	楼下 / 을러우 씨아
엘리베이터	elevator / 엘러베'이터	エレベーター / 에레베-타-	电梯 / 띠엔 티
에스컬레이터	escalator / 에스컬레이터'	エスカレーター / 에스카레-타-	电梯 / 띠엔 티
계단	stair / 스떼어'	階段 / 카이 단	楼梯 / 을러우 티
봉사	service / 써어'비'스	サービス / 사-비스	服务 / 푸'우
룸 서비스	room service / 루움 써어'비'스	ルームサービス / 루-무 사-비스	客房服务 / 커팡 푸'우
모닝콜	wake-up call / 웨익 업 코올	モーニングコール / 모-닝구 코-루	叫醒服务 / 쨔오 싱 푸'우
세탁물	laundry / 을러언드뤼	洗濯物 / 센 타쿠 모노	洗衣物 / 시 이 우
프런트데스크	front desk / 프'뤈트 데스크	フロントデスク / 후론토 데스쿠	服务台 / 푸'우 타이

081 셔틀버스가 있나요?
택시를 좀 불러 주세요.

Do you have a shuttle bus?
두우 | 유우 | 해브ᵛ | 어 셔틀 버쓰?
하다 | 너 | 가지고 있다 | 하나의 셔틀버스?

Call a taxi, please.
코올 | 어 택쓰이, | 플리이즈.
부르다 | 하나의 택시, | 부탁합니다.

シャトルバス は ありますか?
샤토루바스 | 와 | 아리 마스카?
셔틀버스 | 는 | 있음 | (합니까)?

タクシー を 呼んで ください。
탁시ー | 오 | 욘데 | 쿠다사이.
택시 | 를 | 불러 | 주세요.

你们 有 班车 吗?
nǐ men | yǒu | bān chē | ma?
니 먼 | 여우 | 빤 쳐ᵣ | 마?
너희들 | 있다 | 셔틀버스 | 의문?

帮 我 叫 一 辆 出租车。
bāng | wǒ | jiào | yí | liàng | chū zū chē.
빵 | 워 | 쨔오 | 이 | 을리앙 | 츄ᵣ 쭈 쳐ᵣ.
돕다 | 나 | 부르다 | 하나 | 대 | 택시.

한국어		🇬🇧 English	🇯🇵 日本語	🇨🇳 中文
카펫		carpet 카아ㅍ페엣	カーペット 카펜토	地毯 띠 탄
탁자		table 테이블	テーブル 테-부루	餐桌 찬 쮜ㄹ어
소파		sofa 쏘우파ㅍ	ソファー 소화-	沙发 쌰ㄹ 파ㅍ
책상		desk 데스크	机 츠쿠에	书桌 슈ㄹ 쮜ㄹ어
의자		chair 췌어ㄹ	椅子 이 스	椅子 이 즈
화장실		toilet 토일렛	トイレ 토이레	卫生间 (洗手间) 웨이 셩ㄹ 찌엔 (시 셔ㄹ우 찌엔)
비누		soap 쏘웁	石鹸 셋 켕	肥皂 페이 짜오
더운 물		hot water 핫 워어터ㄹ	湯 유	热水 러 쉐ㄹ이
수건		towel 타우얼	タオル 타오루	毛巾 마오 찐
거울		mirror 미뤄ㄹ	鏡 카가미	镜子 찡즈
빗		brush 브뤄쉬	ブラシ 부라시	梳子 슈ㄹ 즈
욕조		bath tub 배뜨th 텁	風呂 후로	浴缸 위 깡

082 (전화 받을 때)네?
여기 502호인데요.

Yes? / Hello?
예쓰? / 헬로우?
네?

This is room number 502.
디쓰 | 이즈 | 루움 | 넘버ʳ | 파ᶠ이브ᵛ 오우 투우.
이것 | 이다 | 방 | 번호 | 502.

もしもし?
모시모시?
여보세요?

502 号室 です。
고마루니 | 고오시츠 | 데스.
502 | 호실 | 입니다.

喂?
wéi?
웨이?
여보세요?

这里 502 号 房。
zhè lǐ | wǔ líng èr | hào | fáng.
쩌ʳ | 올리 | 우 올링 얼 | 하오 | 팡ᶠ.
여기 | 502 | 호 | 방.

083 뜨거운 물이 나오지 않아요.

방이 너무 추워요.

There is no hot water.
데어ʳ ㅣ 이즈 ㅣ 노우 ㅣ 핫 워어터ʳ.
있다 ㅣ 0의 ㅣ 뜨거운 물.

My room is too cold.
마이 루움 ㅣ 이즈 ㅣ 투우 코울드.
나의 방 ㅣ 이다 ㅣ 너무 추운.

お湯 が 出 ません。
오유 ㅣ 가 ㅣ 데 ㅣ 마셍.
뜨거운 물 ㅣ 이 ㅣ 나옴 ㅣ (하지 않습니다).

部屋 が 寒い です。
헤야 ㅣ 가 ㅣ 사무이 ㅣ 데스.
방 ㅣ 이 ㅣ 춥다 ㅣ 입니다.

不 出 热 水 了。
bù ㅣ chū ㅣ rè ㅣ shuǐ ㅣ le.
뿌 ㅣ 츄ʳ ㅣ 러 ㅣ 쉐ʳ이 ㅣ 으러.
부정 ㅣ 나오다 ㅣ 뜨거운 물 ㅣ 완료.

房间 太 冷 了。
fáng jiān ㅣ tài ㅣ lěng ㅣ le.
팡ʳ 찌엔 ㅣ 타이 ㅣ 으렁 ㅣ 으러.
방 ㅣ 너무 ㅣ 춥다 ㅣ 감탄.

084 에어컨이 작동하지 않아요.
확인 좀 해 주실래요?

The air-conditioner doesn't work.
디 에어「-컨디셔너「 더즌트 ㅣ 워어「크.
그 에어컨 ㅣ 부정 ㅣ 작동하다.

Could you check this?
쿠드 ㅣ 유우 ㅣ 췌엑 ㅣ 디쓰?
할 수 있다 ㅣ 너 ㅣ 확인하다 ㅣ 이것?

エアコン が 効き ません。
에아콩 ㅣ 가 ㅣ 키키 ㅣ 마셍.
에어컨 ㅣ 이 ㅣ 효과 있음 ㅣ (하지 않습니다).

ちょっと 確認 して もらえますか?
춋토 ㅣ 카쿠닌 ㅣ 시테 ㅣ 모라에마스카?
좀 ㅣ 확인 ㅣ 해 ㅣ 받을 수 있습니까?

空调 打不开。
kòng tiáo ㅣ dǎ bu kāi.
쿵 탸오 ㅣ 다 부 카이.
에어컨 ㅣ 열리지 않는다.

帮 我 看 一下。
bāng ㅣ wǒ ㅣ kàn ㅣ yí xià.
빵 ㅣ 워 ㅣ 칸 ㅣ 이 씨아.
돕다 ㅣ 나를 ㅣ 보다 ㅣ 좀 ~하다.

085 열쇠를 잃어버렸어요.

열쇠를 두고 나와서 못 들어가요.

I lost my key.
아이 | 을로오스트 | 마이 키이.
나 | 잃었다 | 내 열쇠.

I locked myself out.
아이 | 을라악트 | 마이쎌프 | 아우트.
나 | 잠갔다 | 나 자신 | 밖에.

鍵 を 無くし ました。
카기 | 오 | 나쿠시 | 마시타.
열쇠 | 를 | 잃어버림 | (했습니다).

鍵 を 置いて きて 入れません。
카기 | 오 | 오이테 | 키테 | 하이레마셍.
열쇠 | 를 | 놓고 | 와서 | 들어갈 수 없습니다.

我 把 钥匙 丢 了。
wǒ | bǎ | yào shi | diū | le.
워 | 바 | 야오 스 | 띠우 | 을러.
나 | ~을 | 열쇠 | 잃어버리다 | 변화.

我 忘记 带 钥匙, 进不去 了。
wǒ | wàng jì | dài | yào shi, | jìn bú qù | le.
워 | 왕 찌 | 따이 | 야오 스, | 찐 부 취 | 을러.
나 | 잊다 | 가지다 | 열쇠, | 들어갈 수 없다 | 완료.

086 옆방이 너무 시끄러워요.
내 방을 바꾸고 싶어요.

My next door is too noisy.
마이 넥스트 도오어ᵣ │ 이즈 │ 투우 노이지.
나의 옆방 │ 이다 │ 너무 시끄러운.

I want to change my room.
아이 │ 원트 │ 투 췌인쥐 │ 마이 루움.
나 │ 원하다 │ 바꾸기 │ 내 방.

隣 の 部屋 が とても うるさい です。
토나리 │ 노 │ 헤야 │ 가 │ 토테모 │ 우루사이 │ 데스.
이웃 │ 의 │ 방 │ 이 │ 너무 │ 시끄럽다 │ 입니다.

部屋 を 替え たい です。
헤야 │ 오 │ 카에 │ 타이 │ 데스.
방 │ 을 │ 바꿈 │ ~하고 싶다 │ 입니다.

隔壁 太 吵 了。
gé │ bì │ tài │ chǎo │ le.
거 │ 삐 │ 타이 │ 챠ʳ오 │ 을러.
이웃 │ 너무 │ 시끄럽다 │ 감탄.

我 想 换 房间。
wǒ │ xiǎng │ huàn │ fáng jiān.
워 │ 시앙 │ 환 │ 팡ᶠ 찌엔.
나 │ 원하다 │ 바꾸다 │ 방.

087 근처에 한국 음식점이 있나요?
좋은 식당을 추천해 주실 수 있나요?

Is there a Korean restaurant nearby?
이즈 | 데어ㄹ | 어 커뤼이안 뤠스트롸안트 | 니어ㄹ바이?
이다 | 그곳에 | 하나의 한국의 음식점 | 근처에?

Can you recommend a good restaurant?
캔 | 유우 | 뤠커멘드 | 어 구드 뤠스트롸안트?
할 수 있다 | 너 | 추천하다 | 하나의 좋은 식당?

近所 に 韓国 食堂 が あり ますか?
킨죠 | 니 | 캉코쿠 | 쇼쿠도오 | 가 | 아리 | 마스카?
근처 | 에 | 한국 | 음식점 | 이 | 있음 | (합니까)?

いい 食堂 を お勧め して ください。
이이 | 쇼쿠도오 | 오 | 오스스메 | 시테 | 쿠다사이.
좋은 | 식당 | 을 | 추천 | 해 | 주세요.

请 问 附近 有 韩国 餐厅 吗?
qǐng | wèn | fù jìn | yǒu | hán guó | cān tīng | ma?
칭 | 원 | 푸ㄈ찐 | 여우 | 한 구어 | 찬 팅 | 마?
부탁하다[존칭] | 묻다 | 부근 | 있다 | 한국 | 음식점 | [의문]?

可以 给 我 推荐 一 家 餐厅 吗?
kě yǐ | gěi | wǒ | tuī jiàn | yì | jiā | cān tīng | ma?
커 이 | 게이 | 워 | 퉈이 찌엔 | 이 | 찌아 | 찬 팅 | 마?
할 수 있다 | 주다 | 나 | 추천하다 | 하나 | 집 | 식당 | [의문]?

여행
영어 중국어 일본어

272 문장 463 단어

088 예약해 뒀어요.
7시에 2명 예약이요.

I have a reservation.
아이ㅣ해브ᵛㅣ어 뤠져「베v이션.
나ㅣ가지고 있다ㅣ하나의 예약.

Reservation at 7 for 2.
뤠져「베v이션ㅣ엣ㅣ쎄븐vㅣ포「어ㅣ투우.
예약ㅣ~에ㅣ7ㅣ~를 위해ㅣ두 명.

予約 し ました。
요야쿠ㅣ시ㅣ마시타.
예약ㅣ함ㅣ(했습니다).

7 時 に 2 名 で 予約 し たい です。
시치ㅣ지ㅣ니ㅣ니 메에ㅣ데ㅣ요야쿠ㅣ시ㅣ타이ㅣ데스.
7ㅣ시ㅣ로ㅣ2ㅣ명ㅣ으로ㅣ예약ㅣ함ㅣ~하고 싶다ㅣ입니다.

我 已经 预定 了。
wǒㅣyǐ jīngㅣyù dìngㅣle.
워ㅣ이 찡ㅣ위 띵ㅣ을러.
나ㅣ이미ㅣ예약하다ㅣ[완료].

我 想 预定 7 点 的 双人 餐位。
wǒㅣxiǎngㅣyù dìngㅣqī diǎnㅣdeㅣshuāng rénㅣcān wèi.
워ㅣ시앙ㅣ위 띵ㅣ치 디엔ㅣ더ㅣ쒸「앙 런ㅣ찬 웨이.
나ㅣ하고 싶다ㅣ예약하다ㅣ7ㅣ시ㅣ의ㅣ2인ㅣ식탁.

089 흡연석으로 주세요.
금연석으로 주세요.

Smoking area, please.
스모우킹 에뤼어, | 플리이즈.
흡연석, | 부탁합니다.

Non-smoking area, please.
난 스모우킹 에뤼어, | 플리이즈.
금연석, | 부탁합니다.

喫煙席 で お願い し ます。
키츠엔세키 | 데 | 오네가이 | 시 | 마스.
흡연석 | 으로 | 부탁 | 함 | (합니다).

禁煙席 で お願い し ます。
킨엔세키 | 데 | 오네가이 | 시 | 마스.
금연석 | 으로 | 부탁 | 함 | (합니다).

请 给 我 吸烟席。
qǐng | gěi | wǒ | xī yān xí.
칭 | 게이 | 워 | 씨 옌 시.
부탁하다 [존칭] | 주다 | 나 | 흡연석.

请 给 我 禁烟席。
qǐng | gěi | wǒ | jìn yān xí.
칭 | 게이 | 워 | 찐 옌 시.
부탁하다 [존칭] | 주다 | 나 | 금연석.

090 메뉴판 주세요.

계산서 주세요.

Menu, please.
메뉴우, │ 플리이즈.
메뉴, │ 부탁합니다.

Bill, please.
비일, │ 플리이즈.
계산서, │ 부탁합니다.

メニュー ください。
메뉴ー │ 쿠다사이.
메뉴 │ 주세요.

計算書 お願い し ます。
케에산쇼 │ 오네가이 │ 시 │ 마스.
계산서 │ 부탁 │ 함 │ (합니다).

请 给 我 菜单。
qǐng │ gěi │ wǒ │ cài dān.
칭 │ 게이 │ 워 │ 차이 딴.
부탁하다[존칭] │ 주다 │ 나 │ 메뉴판.

结账。
jié zhàng.
지에 짱ʳ.
계산하다.

091 한국어 메뉴판 있어요?

영어 메뉴판 있어요?

Do you have a Korean menu?
두우 | 유우 | 해브ⱽ | 어 | 커뤼이안 | 메뉴우?
하다 | 너 | 가지고 있다 | 하나의 | 한국어의 | 메뉴?

Do you have an English menu?
두우 | 유우 | 해브ⱽ | 언 | 잉글리쉬 | 메뉴우?
하다 | 너 | 가지고 있다 | 하나의 | 영어의 | 메뉴?

韓国語 の メニュー あり ますか?
캉코쿠고 | 노 | 메뉴ー | 아리 | 마스카?
한국어 | 의 | 메뉴 | 있음 | (합니까)?

英語 の メニュー あり ますか?
에에고 | 노 | 메뉴ー | 아리 | 마스카?
영어 | 의 | 메뉴 | 있음 | (합니까)?

有 韩语 菜单 吗?
yǒu | hán yǔ | cài dān | ma?
여우 | 한 위 | 차이 딴 | 마?
있다 | 한국어 | 메뉴판 | 의문?

有 英语 菜单 吗?
yǒu | yīng yǔ | cài dān | ma?
여우 | 잉 위 | 차이 딴 | 마?
있다 | 영어 | 메뉴판 | 의문?

092 주문할게요.

주문받을까요?

Order, please.
오오「더「, ㅣ플리이즈.
주문, ㅣ부탁합니다.

May I take your order?
메이ㅣ아이ㅣ테익ㅣ유어「 오오「더「?
해도 될까요ㅣ받다ㅣ네 주문?

注文 お願い します。
츄우몽ㅣ오네가이ㅣ시ㅣ마스.
주문ㅣ부탁ㅣ함ㅣ(합니다).

ご注文 お決まり ですか?
고츄우몽ㅣ오키마리ㅣ데스카?
주문ㅣ결정ㅣ입니까?

我 要 点 餐。
wǒ ㅣ yào ㅣ diǎn ㅣ cān.
워 ㅣ 야오 ㅣ 디엔 ㅣ 찬.
나 ㅣ 원하다 ㅣ 주문하다 ㅣ 음식.

您 要 点 餐 吗?
nín ㅣ yào ㅣ diǎn ㅣ cān ㅣ ma?
닌 ㅣ 야오 ㅣ 디엔 ㅣ 찬 ㅣ 마?
당신 ㅣ 원하다 ㅣ 주문하다 ㅣ 음식 ㅣ 의문?

093 이건 어떤 음식인가요?

이걸로 주세요.

What kind of food is it?
왓 카인ㄷ | 어ㅂⱽ | 푸ᶠ우ㄷ | 이즈 | 이ㅌ?
어떤 종류 | 의 | 음식 | 이다 | 이것?

This one, please.
디ㅆ 원, | 플리이즈.
이것, | 부탁합니다.

これ は どんな 料理 ですか?
코레 | 와 | 돈나 | 료오리 | 데스카?
이것 | 은 | 어떤 | 요리 | 입니까?

これ を ください。
코레 | 오 | 쿠다사이.
이것 | 을 | 주세요.

请问这是什么菜?
qǐng | wèn | zhè | shì | shén me | cài?
칭 | 원 | 쪄ʳ | 쓰ʳ | 션ʳ 머 | 차이?
부탁하다[존칭] | 묻다 | 이것 | 이다 | 무슨 | 요리?

请给我这个。
qǐng | gěi | wǒ | zhè ge.
칭 | 게이 | 워 | 쪄ʳ 거.
부탁하다[존칭] | 주다 | 나 | 이것.

149

메인 재료 살펴보기
고기의 종류

	🇬🇧	🇯🇵	🇨🇳
고기	meat 미잇	肉 니쿠	肉 러우
소고기	beef 비이프	牛肉 규우 니쿠	牛肉 니우 러우
돼지고기	pork 포억	豚肉 부타 니쿠	猪肉 쮜 러우
닭고기	chicken 치킨	鳥肉 토리 니쿠	鸡肉 찌 러우
생선	fish 피쉬	魚 사카나	鱼 위
오리고기	duck 더억	鴨肉 카모 니쿠	鸭肉 야 러우
양고기	limb 을림	羊肉 요오 니쿠	羊肉 양 러우

메인 재료 살펴보기
빵이냐 밥이냐?

	🇬🇧	🇯🇵	🇨🇳
빵	**bread** 브레드	**パン** 팡	**面包** 미엔 빠오
쌀	**rice** 라이스	**米** 코메	**米** 미
계란	**egg** 에엑	**卵** 타마고	**鸡蛋** 찌 딴
국수	**noodle** 누우들	**麺** 멘	**面条** 미엔 탸오

식당&카페

부재료 알아보기
채소의 이름

한국어	🇬🇧	🇯🇵	🇨🇳
콩	bean / 비인	豆 / 마메	豆 / 떠우
야채	vegetable / 베〬쥐터블	野菜 / 야사이	蔬菜 / 쑤ˇ차이
감자	potato / 포테이토우	ジャガイモ / 쟈가이모	土豆 / 투 떠우
고구마	sweet potato / 스위잇 포테이토우	サツマイモ / 사츠마이모	地瓜 / 띠 꽈
당근	carrot / 캐뤄엇	人参 / 닌징	胡萝卜 / 후ˊ루어 보어
토마토	tomato / 터메이토우	トマト / 토마토	西红柿 / 씨 훙 쓰ˋ
양파	onion / 어니언	玉葱 / 타마네기	洋葱 / 양충
마늘	garlic / 가알릭	ニンニク / 닌니쿠	蒜 / 쑤안
버섯	mushroom / 머쉬루움	キノコ / 키노코	蘑菇 / 모어 구

어떻게 만들어 졌나
조리 방식

	🇬🇧	🇯🇵	🇨🇳
볶음	stir-fried / 스터어「-프라이드	いため / 이타메	炒 / 챠「오
튀김	fried / 프라이드	揚げ / 아게	炸 / 쟈「
구이	roasted / 로스티이드	焼き / 야키	烤 / 카오
데침	blanch / 블랜취	茹で / 유데	焯 / 쮸「어
무침	seasoned / 쓰이즌드	あえ / 아에	拌 / 빤
부침	griddled / 그뤼들드	焼き / 야키	煎 / 찌엔
조림	boiled / 보일드	煮付け / 니츠케	熬 / 아오
찜	steamed / 스띠임드	煮込み / 니코미	蒸 / 쩡「
삶음	boiled / 보일드	茹で / 유데	煮 / 쥬「
절임	pickled / 피끌드	漬物 / 츠케 모노	泡 / 파오

153

요리의 완성
여러 가지 소스

		🇬🇧	🇯🇵	🇨🇳
소스		sauce 쏘오스	ソース 소-스	酱 찌앙
소금		salt 써얼트	塩 시오	盐 옌
설탕		sugar 슈거ㄹ	砂糖 사토오	砂糖 쌰ㄹ탕
후추		pepper 페뻐ㄹ	胡椒 코쇼오	胡椒 후쨔오
간장		soy sauce 쏘이 쏘오스	醬油 쇼오유	酱油 찌앙 여우
된장		soybean paste 쏘이비인 페이스트	味噌 미소	豆酱 떠우 찌앙

한국어		영어	일본어	중국어
와사비		wasabi / 와아사비	わさび / 와사비	山葵酱 / 싼「쿠이 찌앙
칠리소스		chili sauce / 치을리 쏘오스	チリ ソース / 치리 소-스	辣酱油 / 을라 찌앙 여우
고추기름		chili oil / 치을리 오일	ラーユ / 라-유	辣椒油 / 을라 쨔오 여우
식초		vinegar / 베「네거「	す / 스	醋 / 추
케첩		ketchup / 케첩	ケチャップ / 케챂푸	番茄酱 / 판「치에 찌앙
마요네즈		mayonnaise / 메이어네에즈	マヨネーズ / 마요네-즈	蛋黄酱 / 딴 후앙 찌앙
머스타드 소스		mustard sauce / 마스떠어「드 쏘오스	マスタード ソース / 마스타-도 소-스	芥末酱 / 찌에 모어 찌앙
깨소스		sesame sauce / 쎄써미 쏘오스	ゴマダレ / 고마다레	麻酱 / 마 찌앙
굴소스		oyster sauce / 오이스떠「 쏘오스	オイスター ソース / 오이스타- 소-스	蚝油 / 하오 여우
바비큐		barbecue sauce / 바아「베큐우 쏘오스	バーベキュー ソース / 바-베큐- 소-스	烧烤酱 / 쌰「오 카오 찌앙
데리야키 소스		teriyaki sauce / 테리야키 쏘오스	テリヤキ ソース / 테리야키 소-스	照烧汁 / 쨔「오 쌰「오 쯔「
타르타르 소스		tartar sauce / 타아「타아「 쏘오스	タルタル ソース / 타루타루 소-스	塔塔酱 / 타 타 찌앙

나라별 특산물
과일

		🇬🇧	🇯🇵	🇨🇳
과일		fruit 프'루웃	果物 쿠다 모노	水果 쉐'이 구어
사과		apple 애쁠	リンゴ 링고	苹果 핑 구어
바나나		banana 버내너	バナナ 바나나	香蕉 씨앙 쨔오
오렌지		orange 오륀쮜	オレンジ 오렌지	橙子 청'즈
파인애플		pineapple 파인애쁠	パイナップル 파이납푸루	凤梨 펑'울리
멜론		melon 멜런	メロン 메롱	哈密瓜 하미 꽈
수박		water melon 워어터'멜런	スイカ 스이카	西瓜 씨 꽈
딸기		strawberry 스트뤄어베뤼	いちご 이치고	草莓 차오 메이

포도	grape 그레입	ぶどう 부도오	葡萄 푸타오
복숭아	peach 피이취	桃 모모	桃子 타오즈
망고	mango 맹고	マンゴー 망고-	芒果 망구어
배	pear 페어ʳ	ナシ 나시	梨 을리
귤	tangerine 탱져ʳ륀	ミカン 미캉	桔子 쥐즈
매실	plum 플럼	梅 우메	梅子 메이즈
자몽	grapefruit 그뤠이프ʳ루트	グレープフルーツ 구레-푸후루-츠	西柚 씨여우
키위	kiwi 키위	キウイ 키우이	猕猴桃 미 허우 타오
코코넛	coconut 코코너트	ココナツ 코코나츠	椰子 예즈
리치	lychee 을리치	ライチー 라이치-	荔枝 을리 쯔ʳ
두리안	durian 두리안	ドリアン 도리앙	榴莲 을리우 을리엔
망고스틴	mangosteen 맹거스띠인	マンゴスチン 망고스칭	山竹 쌴 쥬ʳ

파파야		papaya 파파야	**パパイア** 파파이아	**木瓜** 무 꽈
아보카도		avocado 아보ˇ카도우	**アボカド** 아보카도	**牛油果** 니우 여우 구어
체리		cherry 체뤼	**チェリー** 체리-	**樱桃** 잉 타오
레몬		lemon 을레먼	**レモン** 레몽	**柠檬** 닝 멍

기타

		🇬🇧	🇯🇵	🇨🇳
견과류		nut 넛	**ナッツ** 낫츠	**坚果** 찌엔 구어
치즈		cheese 치이즈	**チーズ** 치-즈	**奶酪** 나이 을라오
벌꿀		honey 허니	**蜂蜜** 하치 미츠	**蜂蜜** 펑ˊ 미

094 이건 너무 많아요.

그거면 충분해요.

It's too much.
잇츠 | 투우 머취.
이것은 | ~이다 | 너무 많은.

That is enough.
댓 | 이즈 | 이너프.
그것 | 이다 | 충분한.

これ は 多すぎ ます。
코레 | 와 | 오오스기 | 마스.
이것 | 은 | 너무 많음 | (합니다).

それ で 十分 です。
소레 | 데 | 쥬우붕 | 데스.
그것 | 으로 | 충분 | 입니다.

这 太 多 了。
zhè | tài | duō | le.
쪄r | 타이 | 뚜어 | 을러.
이것 | 너무 | 많다 | [감탄].

足够 了。
zú gòu le.
주 꺼우 을러.
충분하다 [감탄].

095 더 주세요.

약간.

More, please.
모어ㄹ, I 플리이즈.
더, I 부탁합니다.

Just a little.
저스트 I 어 ㄹ리틀.
단지 I 조금.

もっと ください。
몯토 I 쿠다사이.
더 I 주세요.

ちょっと だけ。
쵿토 I 다케.
조금 I 뿐.

再 多 一点。
zài I duō I yì diǎn.
짜이 I 뚜어 I 이 디엔.
다시 I 많다 I 조금.

一点。
yì diǎn.
이 디엔.
조금.

많은 (가산)	many 메니	多数の 타스으노	許多 쉬 뚜어
많은 (불가산)	much 머취	たくさんの 탁산노	許多 쉬 뚜어
더 많은	more 모어ʳ	もっと多い 몬토 오오 이	較多 쨔오 뚜어
적은 (양)	little 을리틀	少ない 스쿠 나이	少 샤오
더 적은	less 을레쓰	より少ない 요리 스쿠 나이	較少 쨔오 샤오
하나의	single 쓰잉글	ただ一つの 타다 히토 츠노	單一 딴 이
두 배의	double 더브을	二倍の 니 바이 노	两倍 을리앙 뻬이
뜨거운	hot 핫	熱い 아츠 이	热 러
따뜻한	warm 워엄ʳ	暖かい 아타타 카이	溫暖 원 누안
추운	cold 코울드	寒い 사무 이	冷 을렁
시원한	cool 쿠울	涼しい 스즈 시이	凉快 을리앙 콰이

161

096 맛있다.

너무 짜요.

It's good. / It's delicious.
잇츠 | 구드. / 잇츠 | 딜리셔스.
이것은 ~이다 | 좋은. / 이것은 ~이다 | 맛있는.

It's too salty.
잇츠 | 투우 | 써얼티.
이것은 ~이다 | 너무 | 짠.

美味しい。
오이시이.
맛있다.

これ は しょっぱすぎ ます。
코레 | 와 | 숍파스기 | 마스.
이것 | 은 | 너무 짬 | (합니다).

好吃。
hǎo chī.
하오 츠ʳ.
맛있다.

太 咸 了。
tài | xián | le.
타이 | 시엔 | 울러.
너무 | 짜다 | 감탄.

맛있는	delicious 디을리셔쓰	美味しい 오이시이	好吃 하오 츠
단맛의	sweet 스위잇	甘い 아마이	甜 티엔
짠맛의	salty 써얼티	塩っぱい 숍파이	咸 시엔
매운맛의	spicy 스빠이쓰이	辛い 카라이	辣 을라
신맛의	sour 싸우어	酸っぱい 습파이	酸 쑤안
쓴맛의	bitter 비터	苦い 니가이	苦 쿠
겉만 익힌	rare 뤠어	レア 레아	一分熟 이 펀 슈
약간 덜 익힌	medium-rare 미이디엄 뤠어	ミディアム レア 미디아무 레아	三分熟 싼 펀 슈
적당히 익힌	medium 미이디엄	ミディアム 미디아무	五分熟 우 펀 슈
조금 더 익힌	medium–well done 미이디엄 웰던	ミディアムウェルダン 미디아무웨루당	七分熟 치 펀 슈
완전히 익힌	well done 웰던	ウェルダン 웨루당	全熟 취엔 슈

097 음식이 덜 익었어요.

음식이 너무 익었어요.

It's not cooked enough.
잇츠 | 나앗 | 쿡트 | 이너프.
이것은 ~이다 | 부정 | 요리된 | 충분히.

It's overcooked.
잇츠 | 오우버「크읔트.
이것은 ~이다 | 너무 익힌.

火 が 通って いません。
히 | 가 | 토옫테 | 이마셍.
불 | 이 | 통하다 | 있지 않습니다.

煮えすぎ です。
니에스기 | 데스.
너무 익힘 | 입니다.

菜 还 没 熟。
cài | hái | méi | shú.
차이 | 하이 | 메이 | 슈「.
음식 | 아직 | 아니다 | 익다.

菜 太 熟 了。
cài | tài | shú | le.
차이 | 타이 | 슈「 | 을러.
음식 | 너무 | 익다 | 변화.

098 더 필요한 것 있어요?

끝났어요?

Anything else?
애니띵th │ 엘쓰?
무엇이든 │ 다른?

Finished?
피f니쉬드?
끝이 난?

他に 何か 必要 な もの あり ますか?
호카니 │ 나니카 │ 히츠요오 │ 나 │ 모노 │ 아리 │ 마스카?
그 외에 │ 무언가 │ 필요 │ ~한 │ 것 │ 있음 │ (합니까)?

でき ましたか?
데키 │ 마시타카?
됨 │ (했습니까)?

还 要 别 的 吗?
hái │ yào │ bié │ de │ ma?
하이 │ 야오 │ 비에 │ 더 │ 마?
더 │ 필요하다 │ 다른 │ 것 │ 의문?

好 了 吗?
hǎo │ le │ ma?
하오 │ 을러 │ 마?
다 (완성의 의미) │ 완료 │ 의문?

099 이거 공짜인가요?
제가 주문한 게 아니에요.

Is it for free?
이즈 | 잇 | 포'어「 | 프'뤼이?
이다 | 이것 | 으로 | 공짜?

I didn't order this.
아이 | 디든트 | 오오「더「 | 디쓰.
나 | [과거 부정] | 주문하다 | 이것.

これ、タダ ですか?
코레, | 타다 | 데스카?
이거, | 공짜 | 입니까?

私 が 注文 した もの では あり ません。
와타시 | 가 | 츄우몽 | 시타 | 모노 | 데와 | 아리 | 마셍.
내 | 가 | 주문 | 했다 | 것 | 이 | 있음 | (하지 않습니다).

这 是 免费 的 吗?
zhè | shì | miǎn fèi | de | ma?
쪄「 | 쓰「 | 미엔 페이 | 더 | 마?
이것 | 이다 | 무료이다 | ~인 것 | [의문]?

不是 我 点 的。
bú shì | wǒ | diǎn | de.
부 쓰「 | 워 | 디엔 | 더.
아니다 | 나 | 주문하다 | ~한 것.

100 냅킨 좀 주세요.

포장 부탁합니다.

Napkins, please.
냅킨ㅆ, ǀ 플리이즈.
냅킨들, ǀ 부탁합니다.

Take out, please.
테익 아우ㅌ, ǀ 플리이즈.
포장해가기, ǀ 부탁합니다.

ナプキン ください。
나푸킨 ǀ 쿠다사이.
냅킨 ǀ 주세요.

お持ち 帰り で お願い し ます。
오모치 ǀ 카에리 ǀ 데 ǀ 오네가이 ǀ 시 ǀ 마스.
가짐 ǀ 돌아감 ǀ 로 ǀ 부탁 ǀ 함 ǀ (합니다).

请 给 我 餐巾纸。
qǐng ǀ gěi ǀ wǒ ǀ cān jīn zhǐ.
칭 ǀ 게이 ǀ 워 ǀ 찬 찐 즈̌.
부탁하다[존칭] ǀ 주다 ǀ 나 ǀ 냅킨.

打包 一下。
dǎ bāo ǀ yí xià.
다 빠오 ǀ 이 씨아.
포장하다 ǀ 좀 ~하다.

101 한 사람이 계산합니다.

각자 계산합니다.

One bill.
원ㅣ비일.
하나의ㅣ계산서.

Separate bills.
쎄퍼뤠이트ㅣ비일스.
나누어진ㅣ계산서들.

まとめて 会計 お願い し ます。
마토메테ㅣ카이케에ㅣ오네가이ㅣ시ㅣ마스.
종합해서ㅣ회계ㅣ부탁ㅣ함ㅣ(합니다).

会計 は 別々 で お願い し ます。
카이케에ㅣ와ㅣ베츠베츠ㅣ데ㅣ오네가이ㅣ시ㅣ마스.
회계ㅣ는ㅣ따로따로ㅣ로ㅣ부탁ㅣ함ㅣ(합니다).

一个人付。/ 一起付。
yī ㅣ gè ㅣ rén ㅣ fù. / yì ㅣ qǐ ㅣ fù.
이ㅣ꺼ㅣ런ㅣ푸ᶠ. / 이ㅣ치ㅣ푸ᶠ.
하나ㅣ명ㅣ사람ㅣ지불하다 / 같이ㅣ지불하다.

各付各的。/ 分开付。
gè ㅣ fù ㅣ gè ㅣ de. / fēn kāi ㅣ fù.
꺼ㅣ푸ᶠㅣ꺼ㅣ더. / 펀ㅣ카이ㅣ푸ᶠ.
각자ㅣ지불하다ㅣ각자ㅣ~의 것. / 나누다ㅣ지불하다.

102 2번 세트 주세요.
여기서 드십니까, 포장이십니까?

Meal number 2, please.
미일ㅣ넘버「투우,ㅣ플리이즈.
식사ㅣ2번,ㅣ부탁합니다.

For here or to go?
포「어「히어「ㅣ오어「ㅣ투 고우?
여기서ㅣ또는ㅣ가서?

2 番 セット ください。
니ㅣ반ㅣ셋토ㅣ쿠다사이.
2ㅣ번ㅣ세트ㅣ주세요.

ここで お召し上がり ですか、お持ち帰り ですか?
코코ㅣ데ㅣ오메시아가리ㅣ데스카,ㅣ오모치ㅣ카에리ㅣ데스카?
여기ㅣ에서ㅣ드심ㅣ(입니까),ㅣ가짐ㅣ돌아감ㅣ(입니까)?

请 给 我 2 号 套餐。
qǐngㅣgěiㅣwǒㅣèrㅣhàoㅣtào cān.
칭ㅣ게이ㅣ워ㅣ얼ㅣ하오ㅣ타오 찬.
부탁하다[존칭]ㅣ주다ㅣ나ㅣ2ㅣ호ㅣ세트.

在 这里 吃 还是 带 走?
zàiㅣzhè lǐㅣchīㅣhái shìㅣdàiㅣzǒu?
짜이ㅣ쩌「을리ㅣ츠「ㅣ하이 쓰「ㅣ따이ㅣ저우?
~에서ㅣ여기ㅣ먹다ㅣ또는ㅣ지니다ㅣ가다?

169

103 여기서 먹겠습니다.
포장입니다.

For here, please.
포「어「 히어「. | 플리이즈.
여기서, | 부탁합니다.

To go, please.
투 고우, | 플리이즈.
가서, | 부탁합니다.

ここ で 食べ ます。
코코 | 데 | 타베 | 마스.
여기 | 에서 | 먹음 | (합니다).

持ち 帰り です。
모치 | 카에리 | 데스.
가짐 | 돌아감 | (입니다).

在 这里 吃。
zài | zhè lǐ | chī.
짜이 | 쪄「 을리 | 츠「.
~에서 | 여기 | 먹다.

请 给 我 打包。
qǐng | gěi | wǒ | dǎ bāo.
칭 | 게이 | 워 | 다 빠오.
부탁하다[존칭] | 주다 | 나 | 포장하다.

한국어		🇬🇧 English	🇯🇵 日本語	🇨🇳 中文
햄버거		hamburger 햄버어「거」	ハンバーガー 함바가	汉堡 한 바오
감자튀김		french fries 프「뤤취 프「롸이즈	フライドポテト 후라이도포테토	薯条 슈「탸오
토스트		toast 토우스트	トースト 토-스토	吐司 투쓰
샌드위치		sandwich 쌘드위취	サンドイッチ 산도잇치	三明治 싼 밍 쯔「
패스트 푸드		fast food 패「스트 푸「우드	ファーストフード 화스토후-도	快餐 콰이 찬
피자		pizza 핏짜	ピザ 피자	比萨 비 싸
파스타		pasta 파아스따	パスタ 파스타	意大利面 이 따울리 미엔
수프		soup 쑤웁	スープ 스-푸	汤 탕
샐러드		salad 쌜러드	サラダ 사라다	沙拉 싸「ㄹ라
스테이크		steak 스떼익	ステーキ 스테-키	牛排 니우 파이
국수		noodle 누우들	麺 멘	面条 미엔 탸오
혼합		mixed 믹쓰드	ミックス 믹쿠스	混合 훈 허

104 어떤 것으로 드릴까요?

카페라테 주세요.

What would you like?
왓ㅣ우드ㅣ유우ㅣ을라이크?
무엇ㅣ할 것이다ㅣ너ㅣ좋아하다?

Cafe latte, please.
카페^f이 을라아테이,ㅣ플리이즈.
카페라테,ㅣ부탁합니다.

何 に なさい ますか?
나니ㅣ니ㅣ나사이ㅣ마스카?
무엇ㅣ으로ㅣ하심ㅣ(합니까)?

カフェラテ ください。
카훼라테ㅣ쿠다사이.
카페라테ㅣ주세요.

你 要 点 什么?
nǐㅣyàoㅣdiǎnㅣshén me?
니ㅣ야오ㅣ디엔ㅣ션^r 머?
너ㅣ원하다ㅣ주문하다ㅣ무엇?

请 给 我 咖啡拿铁。
qǐngㅣgěiㅣwǒㅣkā fēi ná tiě.
칭ㅣ게이ㅣ워ㅣ카 페^f이 나 티에.
부탁하다[존칭]ㅣ주다ㅣ나ㅣ카페라테.

172

한국어	🇬🇧 English	🇯🇵 日本語	🇨🇳 中文
카페	cafe 카페ˈ이	カフェ 카훼	咖啡厅 카페ˈ이팅
에스프레소	espresso 에스프레쏘우	エスプレッソ 에스푸렛소	浓缩咖啡 눙 쑤어 카페ˈ이
아메리카노	americano 어메ㄹ루카노우	アメリカーノ 아메리카노	美式咖啡 메이 쓰ˈ 카페ˈ이
카페 라테	cafe latte 카페ˈ이 올라아테이	カフェラテ 카훼라테	拿铁咖啡 나 티에 카페ˈ이
바닐라 라테	vanilla latte 버ˈ닐라 올라아테이	バニララテ 바니라라테	香草拿铁 씨앙 차오 나 티에
카페 모카	cafe mocha 카페ˈ이 모우카	カフェモカ 카훼모카	摩卡咖啡 모어 카 카 페ˈ이
카푸치노	cappuccino 캐푸취이노우	カプチーノ 카푸치-노	卡布奇诺 카 뿌 치 누어
스몰 사이즈	small size 스머얼 싸이즈	スモール サイズ 스모-루 사이즈	小杯 샤오 뻬이
미디엄 사이즈	medium size 미이디엄 싸이즈	ミディアム サイズ 미디아무 사이즈	中杯 쯩ˈ 뻬이
톨 사이즈	tall size 터얼 싸이즈	トール サイズ 토-루 사이즈	中杯 쯩ˈ 뻬이
라지 사이즈	large size 을라ㄹ쥐 싸이즈	ラージ サイズ 라-지 사이즈	大杯 따 뻬이
리필	refill 뤼이필ˈ	リフィル 리휘루	续杯 쒸 뻬이

105 여기 앉아도 될까요?

앉으셔도 됩니다.

Is this seat taken?
이즈 | 디쓰 쓰이잇 | 테이큰?
이다 | 이 좌석 | 취해진?

Have a seat, please.
해브ᵛ | 어 쓰이잇, | 플리이즈.
가지다 | 하나의 자리, | 부탁합니다.

ここ に 座って も いい ですか?
코코 | 니 | 스왇테 | 모 | 이이 | 데스카?
여기 | 에 | 앉아 | 도 | 좋다 | 입니까?

どうぞ。
도오조.
부디.

这个 座位 有 人 吗?
zhè ge | zuò wèi | yǒu | rén | ma?
쩌ʳ 거 | 쭈어 웨이 | 여우 | 런 | 마?
이것 | 자리 | 있다 | 사람 | 의문?

请 坐。
qǐng | zuò.
칭 | 쭈어.
부탁하다[존칭] | 앉다.

초콜릿	chocolate / 춰어컬리트	チョコレート / 쵸코레-토	巧克力 / 챠오 커리
디저트	dessert / 디져어'엇	デザート / 데자-토	甜品 / 티엔 핀
케이크	cake / 케익	ケーキ / 케-키	蛋糕 / 딴 까오
과자	cookie / 쿠키	お菓子 / 오카시	饼干 / 빙 깐
사탕	candy / 캔디	キャンディ / 캰디	糖果 / 탕 구어
아이스크림	ice-cream / 아이쓰-크뤼임	アイスクリーム / 아이스쿠리-무	冰淇淋 / 삥 치 을린
푸딩	pudding / 푸딩	プディング / 푸딩구	布丁 / 뿌 띵
와플	waffle / 와플'	ワッフル / 왓후루	华夫饼 / 화 푸'빙
마카롱	macaroon / 매커루운	マカロン / 마카롱	马卡龙 / 마 카 을룽
브라우니	brownie / 브라우니	ブラウニー / 부라우니-	布朗尼 / 뿌 을랑 니

106 뜨거운 거요 아니면 차가운 거요?
차가운 거요.

Hot or iced?
핫 | 오어ʳ | 아이쓰드?
뜨거운 | 아니면 | 얼음을 넣은?

With ice, please.
윗 | 아이쓰, 플리즈.
함께 | 얼음, | 부탁합니다.

ホット に なさい ますか、アイス に なさい ますか?
홋토 | 니 | 나사이 | 마스카, | 아이스 | 니 | 나사이 | 마스카?
핫 | 으로 | 하심 | (합니까), | 아이스 | 로 | 하심 | (합니까)?

アイス ください。
아이스 | 쿠다사이.
아이스 | 주세요.

要 冰 的 还是 热 的?
yào | bīng | de | hái shì | rè | de?
야오 | 삥 | 더 | 하이 쓰ʳ | 러 | 더?
원하다 | 차갑다 | ~한 것 | 아니면 | 뜨겁다 | ~한 것?

给 我 冰 的。
gěi | wǒ | bīng | de.
게이 | 워 | 삥 | 더.
주다 | 나 | 차갑다 | ~한 것.

107 샷 추가해주세요.

설탕은 빼주세요.

Add an extra shot, please.
애드 | 언 엑쓰트뤄 샷, | 플리이즈.
더하다 | 하나의 추가의 샷, | 부탁합니다.

No sugar, please.
노우 | 슈거r, | 플리이즈.
0의 | 설탕, | 부탁합니다.

ショット 追加 して ください。
숏토 | 츠이카 | 시테 | 쿠다사이.
샷 | 추가 | 해 | 주세요.

砂糖 は 抜いて ください。
사토오 | 와 | 누이테 | 쿠다사이.
설탕 | 은 | 빼 | 주세요.

加 一 份 浓缩 咖啡。
jiā | yī | fèn | nóng suō | kā fēi.
찌아 | 이 | 펀f | 눙 쑤어 | 카 페이.
더하다 | 하나 | 분 | 농축하다 | 커피.

不要 糖。
bú yào | táng.
부 야오 | 탕.
필요 없다 | 설탕.

108 생맥주 주세요.

건배!

Draft beer, please.
드뤠프'트 비어', ǀ 플리이즈.
생맥주, ǀ 부탁합니다.

Cheers!
치어'ㅅ!
건배!

生ビール ください。
나마비-루 ǀ 쿠다사이.
생맥주 ǀ 주세요.

乾杯!
캄파이!
건배!

请 给 我 生啤。
qǐng ǀ gěi ǀ wǒ ǀ shēng pí.
칭 ǀ 게이 ǀ 워 ǀ 쎵' 피.
부탁하다[존칭] ǀ 주다 ǀ 나 ǀ 생맥주.

干 杯!
gān ǀ bēi!
깐 ǀ 뻬이!
깨끗이 비우다 ǀ 잔!

		🇬🇧	🇯🇵	🇨🇳
술집		bar 바아ʳ	バー 바-	酒吧 지우 빠
술		alcohol 앨커호올	酒 사케	酒 지우
맥주		beer 비어ʳ	ビール 비-루	啤酒 피 지우
와인		wine 와인	ワイン 와잉	葡萄酒 푸 타오 지우
맥줏집 (호프)		pub 펍	パブ 파부	酒吧 지우 빠
클럽		club 클럽	クラブ 쿠라부	夜总会 예 중 후이
레드 와인		red wine 뤠드 와인	赤 ワイン 아카 와잉	红酒 훙 지우
화이트 와인		white wine 와잇 와인	白 ワイン 시로 와잉	白酒 바이 지우
생맥주		draft beer 드뤠프ʳ트 비어ʳ	生 ビール 나마 비-루	生啤酒 셩ʳ 피 지우
병맥주		bottled beer 버어틀드 비어ʳ	瓶 ビール 빈 비-루	瓶装啤酒 핑 쮸앙ʳ 피 지우
보드카		vodka 바ᵛ아드커	ウォッカ 웍카	伏特加酒 푸ʳ 터 찌아 지우
칵테일		cocktail 카악테이을	カクテル 카쿠테루	鸡尾酒 찌 웨이 지우

109 와이파이가 되나요?

와이파이 비밀번호가 뭐예요?

Is Wi-Fi available?
이즈 ı 와이파ⁱ이 ı 어베v일러블?
이다 ı 와이파이 ı 사용 가능한?

What is the Wi-Fi password?
왓 ı 이즈 ı 더 와이파ⁱ이 ı 패쓰워어ʳ드?
무엇 ı 이다 ı 그 와이파이 ı 비밀번호?

ワイファイ でき ますか?
와이화이 ı 데키 ı 마스카?
와이파이 ı 됨 ı (합니까)?

ワイファイ の パスワード は 何 ですか?
와이화이 ı 노 ı 파스와ー도 ı 와 ı 난 ı 데스카?
와이파이 ı 의 ı 비밀번호 ı 는 ı 무엇 ı 입니까?

有 WIFI 吗?
yǒu ı WIFI ı ma?
여우 ı 와이화이 ı 마?
있다 ı 와이파이 ı 의문?

Wi-Fi密码 是 什么?
Wi-Fi mì mǎ ı shì ı shén me?
와이화이 미 마 ı 쓰ʳ ı 션ʳ 머?
와이파이 비밀번호 ı 이다 ı 무엇?

110 흡연해도 되나요?

재떨이 좀 주세요.

Can I smoke here?
캔 | 아이 | 스모우크 | 히어ʳ?
할 수 있다 | 나 | 흡연하다 | 여기서?

Please give me an ashtray.
플리이즈 | 기브ᵛ | 미이 | 언 애슈트레이.
부탁합니다 | 주다 | 나에게 | 하나의 재떨이.

タバコ を 吸って も いい ですか?
타바코 | 오 | 슫테 | 모 | 이이 | 데스카?
담배 | 를 | 피워 | 도 | 좋다 | 입니까?

灰皿 を ください。
하이자라 | 오 | 쿠다사이.
재떨이 | 를 | 주세요.

可以 抽 烟 吗?
kě yǐ | chōu | yān | ma?
커 이 | 쳐ʳ우 | 옌 | 마?
~해도 된다 | 피우다 | 담배 | 의문?

给 我 一 个 烟灰缸。
gěi | wǒ | yí | gè | yān huī gāng.
게이 | 워 | 이 | 꺼 | 옌 후이 깡.
주다 | 나 | 하나 | 개 | 재떨이.

111 도와 드릴까요?

그냥 구경하고 있어요.

Can I help you?
캔 | 아이 | 헬프 | 유우?
할 수 있다 | 나 | 돕다 | 너?

I am just looking.
아이 | 앰 | 저스트 | 을루킹.
나 | 이다 | 단지 | 보고 있는.

お手伝い し ましょうか?
오테츠다이 | 시 | 마쇼오카?
도움 | 함 | (할까요)?

ただ、見て いる だけ です。
타다、| 미테 | 이루 | 다케 | 데스.
그냥、| 보고 | 있다 | 뿐 | 입니다.

需要 帮忙 吗?
xū yào | bāng máng | ma?
쒸 야오 | 빵 망 | 마?
필요하다 | 돕다 | 의문?

我 只是 看看 而已。
wǒ | zhǐ shì | kàn kan | ér yǐ.
워 | 즈ʳ 쓰ʳ | 칸 칸 | 얼 이.
나 | 단지 | 구경하다 | 뿐이다.

112 뭐 찾으세요?

가방을 찾고 있어요.

Are you looking for something?
아ˊ | 유우 | 을루킹 | 포ˊ어ʳ | 썸띵ᵍ?
이다 | 너 | 보고 있는 | ~을 위해 | 무엇?

I am looking for a bag.
아이 | 앰 | 을루킹 | 포ˊ어ʳ | 어 | 배그.
나 | 이다 | 보고 있는 | ~을 위해 | 하나의 가방.

何か おさがし ですか?
나니카 | 오사가시 | 데스카?
무언가 | 찾음 | 입니까?

カバン を 探して います。
카방 | 오 | 사가시테 | 이마스.
가방 | 을 | 찾고 | 있습니다.

你 在 找 什么?
nǐ | zài | zhǎo | shén me?
니 | 짜이 | 쟈ʳ오 | 션ʳ 머?
너 | 하고 있다 | 찾다 | 무엇?

我 在 找 一 个 包。
wǒ | zài | zhǎo | yī | gè | bāo.
워 | 짜이 | 쟈ʳ오 | 이 | 꺼 | 빠오.
나 | 하고 있다 | 찾다 | 하나 | 개 | 가방.

113 입어 봐도 되나요?

탈의실이 어디에 있나요?

Can I try this on?
캔 | 아이 | 트라이 | 디쓰 | 언?
할 수 있다 | 나 | 시도하다 | 이것 | 위에?

Fitting room?
피「팅 루움?
탈의실?

試着 して も いい ですか?
시챠쿠 | 시테 | 모 | 이이 | 데스카?
시험으로 착용 | 해 도 | 괜찮다 | 입니까?

フィティングルーム は どこ ですか?
휘팅구루ー무 | 와 | 도코 | 데스카?
탈의실 | 은 | 어디 | 입니까?

可以 试穿 吗?
kě yǐ | shì chuān | ma?
커 이 | 쓰「 추「안 | 마?
할 수 있다 | 입어 보다 | 의문?

请 问 更衣室 在 哪里?
qǐng | wèn | gēng yī shì | zài | nǎ lǐ?
칭 | 원 | 껑 이 쓰「 | 짜이 | 나 올리?
부탁하다[존칭] | 묻다 | 탈의실 | ~에 있다 | 어디?

캐리어, 여행 가방	case 케이스	キャリアーバッグ 캬리아־박구	行李 싱을리
배낭	backpack 백팩	バックパック 박쿠팍쿠	背包 뻬이 빠오
손가방, 파우치	pouch 파우취	ポーチ 포-치	化妆包 화 쮸ᵣ앙 빠오
슈트케이스, 여행 가방	suitcase 쑤우트케이스	スーツケース 스-츠케-스	旅行箱 을뤼싱 씨앙
신발	shoes 슈우즈	靴 쿠츠	鞋子 시에즈
양말	socks 싸악쓰	靴下 쿠츠 시타	袜子 와즈
원피스	dress 드뤠쓰	ワンピース 왐피스	连衣裙 을리엔이 췬
정장	suit 쑤우트	スーツ 스-츠	正装 쩡ᵣ 쮸ᵣ앙
셔츠	shirt 셔어ᵣ트	シャツ 샤츠	衬衫 천ᵣ 싼ᵣ
와이셔츠	dress shirt 드뤠쓰 셔어ᵣ트	ワイシャツ 와이샤츠	男衬衣 난 천ᵣ 이
티셔츠	T-shirt 티이 셔어ᵣ트	ティーシャツ 티-샤츠	T恤衫 티 쒸 싼ᵣ
블라우스	blouse 블라우쓰	ブラウス 부라우스	女衬衣 뉘 천ᵣ 이

		🇬🇧	🇯🇵	🇨🇳
코트		coat 코옷	コート 코-토	大衣 따 이
치마		skirt 스커ˊ어트	スカート 스카토	裙子 췬즈
바지		pants 팬츠	ズボン 즈봉	裤子 쿠즈
청바지		jeans 지인즈	ジーンズ 지인즈	牛仔裤 니우 자이 쿠
반바지		shorts 쇼오ˊ츠	半ズボン 한 즈봉	短裤 두안 쿠
재킷		jacket 재키잇	ジャケット 쟈켇토	夹克 찌아 커
장갑		gloves 글러업스	手袋 테 부쿠로	手套 셔ˊ우 타오
지갑		wallet 워얼리잇	財布 사이 후	钱包 치엔 빠오
우산		umbrella 엄브뤨라	傘 카사	雨伞 위 산
담배		cigarette 쓰이거뤹	タバコ 타바코	烟 옌
안경		glasses 글래쓰이즈	眼鏡 메 가네	眼镜 옌 찡
시계		watch 와아춰	時計 토 케에	手表 셔ˊ우 뱌오
손수건		handkerchief 행커ˊ취이프ˊ	ハンカチ 항카치	手巾 셔ˊ우 찐

한국어	🇬🇧 English	🇯🇵 日本語	🇨🇳 中文
스카프	scarf / 스카아ᵖ프	スカーフ / 스카후	领巾 / 을링 찐
선글라스	sunglasses / 썬글래쓰이즈	サングラス / 상구라스	墨镜 / 모어 찡
넥타이	tie / 타이	ネクタイ / 네쿠타이	领带 / 을링 따이
장신구	jewelry / 쥬얼뤼	アクセサリー / 악세사리-	首饰 / 셔ʳ우 스ʳ
반지	ring / 링	リング / 링구	戒指 / 찌에즈ʳ
목걸이	necklace / 네클러스	ネックレス / 넥쿠레스	项链 / 씨앙 을리엔
귀걸이	earring / 이어링	イヤリング / 이야링구	耳环 / 얼 환
팔찌	bracelet / 브레이슬럿	ブレスレット / 부레스렌토	手镯 / 셔ʳ우 쥬ʳ어
화장품	cosmetic / 커어즈메티익	化粧品 / 케 쇼오 힝	化妆品 / 화 쮸ʳ앙 핀
향수	perfume / 퍼ʳ퓨ʳ음	香水 / 코오 스이	香水 / 씨앙 쉐ʳ이

114 이게 뭐예요?

이것 좀 볼 수 있을까요?

What is it?
왓 | 이즈 | 이트?
무엇 | 이다 | 그것?

Can I see this one?
캔 | 아이 | 쓰이 | 디쓰 | 원?
할 수 있다 | 나 | 보다 | 이것?

これ は 何 ですか?
코레 | 와 | 난 | 데스카?
이것 | 은 | 무엇 | 입니까?

これ ちょっと 見て も いい ですか?
코레 | 쵿토 | 미테 | 모 | 이이 | 데스카?
이것 | 좀 | 봐 | 도 | 좋다 | 입니까?

请问 这 是 什么?
qǐng | wèn | zhè | shì | shén me?
칭 | 원 | 쪄ʳ | 쓰ʳ | 션ʳ 머?
부탁하다 [존칭] | 묻다 | 이것 | 이다 | 무엇?

可以 看 一下 吗?
kě yǐ | kàn | yí xià | ma?
커 이 | 칸 | 이 씨아 | 마?
할 수 있다 | 보다 | 좀 ~하다 | [의문]?

115 어떤 거?

이걸로 주세요.

Which one?
위취 원?
어떤 것?

This one, please.
디쓰 원, | 플리이즈.
이것, | 부탁합니다.

どれ?
도레?
어떤 것?

これ を ください。
코레 | 오 | 쿠다사이.
이것 | 을 | 주세요.

哪个?
nǎ ge?
나 거?
어느 것?

请 给 我 这个。
qǐng | gěi | wǒ | zhè ge.
칭 | 게이 | 워 | 쪄ʳ 거.
부탁하다[존칭] | 주다 | 나 | 이것.

116 더 큰 치수 있나요?
조금 작아요.

Do you have a bigger size?
두우 | 유우 | 해브ᵛ | 어 비거ʳ 싸이즈?
하다 | 너 | 가지다 | 하나의 더 큰 치수?

It's too small.
잇츠 | 투우 스머얼.
이것은 ~이다 | 너무 작은.

もっと 大きい サイズ あり ますか?
몯토 | 오오키이 | 사이즈 | 아리 | 마스카?
더 | 큰 | 치수 | 있음 | (합니까)?

これ は ちょっと 小さすぎ ます。
코레 | 와 | 춋토 | 치이사스기 | 마스.
이것 | 은 | 좀 | 너무 작음 | (합니다).

有 更 大号 吗?
yǒu | gèng | dà hào | ma?
여우 | 껑 | 따 하오 | 마?
있다 | 더욱 | 큰 치수 | 의문 ?

有点 小。
yǒu diǎn | xiǎo.
여우 디엔 | 샤오.
조금 | 작다.

한국어		English	日本語	中文
큰		big 비익	**大**きい 오오 키이	大 따
더 큰		bigger 비거ʳ	**もっと 大**きい 몯토 오오 키이	更大 껑따
작은		small 스머얼	**小**さい 치이사이	小 샤오
더 작은		smaller 스머얼러ʳ	**もっと 小**さい 몯토 치이사이	更小 껑샤오
큰		large 을라ʳ쥐	**大形の** 오오가타노	大 따
키가 큰		tall 터얼	背の高い 세노타카이	高个子 까오 꺼즈
키가 작은		short 쇼오ʳ엇	背の低い 세노히쿠이	矮个子 아이 꺼즈
엄청난		great 그뤠잇	凄い 스고이	伟大 웨이따
가벼운		light 을라잇	軽い 카루이	轻 칭
무거운		heavy 헤비ᵛ	重い 오모이	重 쭝ʳ
꽉 조이는		tight 타잇	きつい 키츠이	紧 진

117 검정색도 있나요?

다른 색도 있나요?

Do you have a black one?
두우 | 유우 | 해브ˇ | 어 블랙 원?
있다 | 너 | 가지고 있다 | 하나의 검은 것?

Is there any other color?
이즈 데어ʳ | 애니 아더ʳ | 컬러ʳ?
있다 | 어떤 다른 색?

黒 も あり ますか?
쿠로 | 모 | 아리 | 마스카?
검정 | 도 | 있음 | (합니까)?

他の 色 も あり ますか?
호카노 | 이로 | 모 | 아리 | 마스카?
다른 | 색 | 도 | 있음 | (합니까)?

有 黑色 的 吗?
yǒu | hēi sè | de | ma?
여우 | 헤이 써 | 더 | 마?
있다 | 검은색 | 의 것 | 의문?

有 其他 颜色 吗?
yǒu | qí tā | yán sè | ma?
여우 | 치 타 | 옌 써 | 마?
있다 | 기타 | 색 | 의문?

한국어		🇬🇧 English	🇯🇵 日本語	🇨🇳 中文
색깔		color 컬러ʳ	色 이로	颜色 옌 써
분홍색		pink 핑크	ピンク 핑쿠	粉红色 펀ˊ훙 써
검은색		black 블랙	黒 쿠로	黑色 헤이 써
흰색		white 와잇	白 시로	白色 바이 써
회색		grey 그뤠이	灰色 하이이로	灰色 후이 써
빨간색		red 뤠드	赤 아카	红色 훙 써
주황색		orange 오륀쥐	オレンジ 오렌지	橘色 쥐 써
노란색		yellow 옐로우	黄色 키이로	黄色 후앙 써
초록색		green 그뤼인	緑 미도리	绿色 을뤼 써
파란색		blue 블루우	青 아오	蓝色 을란 써
보라색		purple 퍼어ʳ쁠	紫 무라사키	紫色 즈 써
갈색		brown 브롸운	茶色 챠이로	棕色 쭝 써

118 이거 얼마예요?

이거 할인되나요?

How much is it?
하우 머취 | 이즈 | 이트?
얼마나 많이 | 이다 | 이것?

Is it on sale?
이즈 | 잇 | 어언 | 쎄일?
이다 | 그것 | ~중인 | 할인?

いくら ですか?
이쿠라 | 데스카?
얼마 | 입니까?

これ、ディスカウント でき ますか?
코레、디스카운토 | 데키 | 마스카?
이거, 할인 | 됨 | (합니까)?

请 问 多少 钱?
qǐng | wèn | duō shǎo | qián?
칭 | 원 | 뚜어 샤오 | 치엔?
부탁하다 존칭 | 묻다 | 얼마 | 돈?

这个 打折 吗?
zhè ge | dǎ zhé | ma?
쩌「거 | 다 져「 | 마?
이것 | 할인 | 의문?

119 영수증 좀 주세요.

환불하고 싶어요.

Can I have the receipt.
캔 | 아이 | 해브ᵛ | 더 | 뤼쓰이이트.
할 수 있다 | 나 | 가지다 | 그 영수증.

I want a refund.
아이 | 원트 | 어 | 뤼펀ᶠ드.
나 | 원하다 | 하나의 환급.

レシート を ください。
레시-토 | 오 | 쿠다사이.
영수증 | 을 | 주세요.

払い戻し たい です。
하라이모도시 | 타이 | 데스.
환불 | ~하고 싶다 | 입니다.

我 要 发票。
wǒ | yào | fā piào.
워 | 야오 | 파ᶠ 퍄오.
나 | 원하다 | 영수증.

我 要 退还。
wǒ | yào | tuì huán.
워 | 야오 | 퉈이 환.
나 | 원하다 | 환급하다.

120 너무 비싸요.

좀 깎아 주세요.

It's too expensive.
잇츠 | 투우 익쓰펜쓰이브ᵛ.
이것은 ~이다 | 너무 비싼.

Give me a discount.
기브ᵛ | 미이 | 어 디스카운트.
주다 | 나에게 | 하나의 할인.

高すぎ ます。
타카스기 | 마스.
너무 비쌈 | (합니다).

ちょっと 割引 して ください。
죣토 | 와리비키 | 시테 | 쿠다사이.
좀 | 할인 | 해 | 주세요.

太 贵 了。
tài | guì | le.
타이 | 꿔이 | 으러.
너무 | 비싸다 | 감탄.

便宜 一点。
pián yi | yì diǎn.
피엔 이 | 이 디엔.
싸다 | 조금.

값싼	cheap 치입	安い 야스이	便宜 피엔이
비싼	expensive 익쓰펜쓰이브ᵛ	高い 타카이	贵 꿔이
그 밖의	other 아더ʳ	他の 호카노	其他 치타
추가의	extra 엑쓰트라	余分の 요분노	额外 어와이
긴	long 을로옹	長い 나가이	长 챵ʳ
짧은	short 쇼오ʳ엇	短い 미지카이	短 두안
열린	open 오우픈	開いた 히라 이타	敞开 챵ʳ 카이
닫힌	closed 클로우즈드	閉じた 토지타	关闭 꾼 삐
유일한	only 오운리	唯一の 유이이츠노	唯一 웨이이
같은	same 쎄임	同じい 오나지이	一样 이 양
다른	different 디프ʳ뤈트	違う 치가 우	不一样 뿌 이 양

121 이걸로 고를게요.
선물용으로 포장 가능한가요?

I will choose this.
아이 | 윌 | 츄우즈 | 디쓰.
나 | 할 것이다 | 고르다 | 이것.

Can you gift-wrap it?
캔 | 유우 | 기프`트` 뤱 | 이트?
할 수 있다 | 너 | 포장하다 | 그것?

これ に し ます。
코레 | 니 | 시 | 마스.
이것 | 으로 | 함 | (합니다).

プレゼント用 に 包装 でき ますか?
푸레젠토요오 | 니 | 호오소오 | 데키 | 마스카?
선물용 | 에 | 포장 | 됨 | (합니까)?

我 要 这个。
wǒ | yào | zhè ge.
워 | 야오 | 쪄`r` 거.
나 | 원하다 | 이것.

请 给 我 包装 一下。
qǐng | gěi | wǒ | bāo zhuāng | yí xià.
칭 | 게이 | 워 | 빠오 쭈`앙` | 이 씨아.
부탁하다[존칭] | 주다 | 나 | 포장하다 | 좀 ~하다.

가방	bag / 배액	カバン / 카방	包 / 빠오
표본	sample / 쌤플	サンプル / 삼푸루	样品 / 양핀
선물	gift / 기프트	プレゼント / 푸레젠토	礼物 / 을리 우
상자	box / 바악쓰	箱 / 하코	箱子 / 씨앙 즈
크기	size / 싸이즈	大きさ / 오오 키사	大小 / 따 샤오
종류	kind / 카인드	種類 / 슈루이	种类 / 즁'을레이
품목, 아이템	article / 아'티클	品目 / 힘모쿠	品目 / 핀무
장난감	toy / 토이	おもちゃ / 오모챠	玩具 / 완 쮜
패션	fashion / 퐷숑	ファッション / 홧숑	时尚 / 스'썅
옷	clothes / 클로우즈	服 / 후쿠	衣服 / 이 푸'
모자	hat / 햇	帽子 / 보오 시	帽子 / 마오즈
쇼핑백	plastic bag / 플래스티익 배액	プラスチックバッグ / 푸라스치쿠박구	塑料袋 / 쑤 을랴오 따이

122 어디에서 표를 살 수 있나요?
안내 책자 좀 받을 수 있을까요?

Where can I buy tickets?
웨어ᖬ 캔 아이 바이 티킷츠?
어디에 할 수 있다 나 사다 표들?

Can I get a brochure?
캔 아이 겟 어 브뤄우슈어ᖬ?
할 수 있다 나 받다 하나의 안내 책자?

チケット は どこ で 買え ますか?
치켓토 와 도코 데 카에 마스카?
티켓 은 어디 에서 사다 (합니까)?

案内 パンフレット を 頂けますか?
안나이 판후렛토 오 이타다케마스카?
안내 팸플릿 을 받을 수 있을까요?

请问 在 哪里 可以 买到 票?
qǐng wèn zài nǎ lǐ kě yǐ mǎi dào piào?
칭 원 짜이 나 올리 커 이 마이 따오 퍄오?
부탁하다[존칭] 묻다 ~에 있다 어디 할 수 있다 사들이다 표?

可以 给 我 小册子 吗?
kě yǐ gěi wǒ xiǎo cè zi ma?
커 이 게이 워 샤오 처 즈 마?
할 수 있다 주다 나 소책자 [의문]?

123 축제가 있습니까?
언제부터 언제까지요?

Is there a festival?
이즈 데어ʳ | 어 페ʲ스티벌ᵛ?
있다 | 하나의 축제?

From when until when?
프ʲ롬 | 웬 | 언틸 | 웬?
부터 | 언제 | 까지 | 언제?

祭り が あり ますか?
마츠리 | 가 | 아리 | 마스카?
축제 | 가 | 있음 | (합니까)?

いつ から いつ まで ですか?
이츠 | 카라 | 이츠 | 마데 | 데스카?
언제 | 부터 | 언제 | 까지 | 입니까?

请问 有 庆典 吗?
qǐng | wèn | yǒu | qìng diǎn | ma?
칭 | 원 | 여우 | 칭 디엔 | 마?
부탁하다[존칭] | 묻다 | 있다 | 축제 | [의문]?

从 什么时候 到 什么时候?
cóng | shén me shí hòu | dào | shén me shí hòu?
충 | 션ʳ 머 스ʳ 허우 | 따오 | 션ʳ 머 스ʳ 허우?
부터 | 언제 | 까지 | 언제?

124 입장료가 얼마인가요?

학생 할인되나요?

What is the entrance fee?
왓 | 이즈 | 디 엔트뤈쓰 | 피`이?
무엇 | 이다 | 그 입장 | 요금?

Do you have a student discount?
두우 | 유우 | 해브ᵛ | 어 스튜우던트 | 디스카운트?
하다 | 너 | 가지고 있다 | 하나의 학생 | 할인?

入場料 は いくら ですか?
뉴우죠오료오 | 와 | 이쿠라 | 데스카?
입장료 | 가 | 얼마 | 입니까?

学生 割引 は あり ますか?
각세에 | 와리비키 | 와 | 아리 | 마스카?
학생 | 할인 | 은 | 있음 | (합니까)?

请 问 门票 是 多少 钱?
qǐng | wèn | mén piào | shì | duō shǎo | qián?
칭 | 원 | 먼 퍄오 | 쓰ʳ | 뚜어 샤오 | 치엔?
부탁하다[존칭] | 묻다 | 입장료 | 이다 | 얼마 | 돈?

学生 有 优惠 吗?
xué sheng | yǒu | yōu huì | ma?
쉬에 셩ʳ | 여우 | 여우 후이 | 마?
학생 | 있다 | 혜택 | [의문]?

각종 요금

할증 요금	extra charge 엑쓰트라 촤아쥐	追加料金 츠이카료오킹	附加费 푸 찌아 페이
봉사료	service charge 써어비스 촤아쥐	サービス チャージ 사-비스 챠-지	服务费 푸우페이
환율	exchange rate 익쓰췌인쥐 뤠잇	為替 レート 카와세레-토	汇率 후이 을뤼
사용료	usage fee 유우쓰이즈 피이	使用料 시요오료오	使用费 스용페이
입장료	entrance fee 엔트뤈쓰 피이	入場料 뉴우죠오료오	门票费 먼 퍄오 페이
객실별 가격	room rate 루움 뤠잇	室料 시츠료오	房价 팡 찌아

125 공연이 몇 시에 시작하나요?
공연이 몇 시에 끝나나요?

When does the show begin?
웬 | 더즈 | 더 쑈우 | 비긴?
언제 | 하다 | 그 공연 | 시작하다?

When does the show end?
웬 | 더즈 | 더 쑈우 | 엔드?
언제 | 하다 | 그 공연 | 끝나다?

公演 は 何 時 に 始まり ますか?
코오엔 | 와 | 난 | 지 | 니 | 하지마리 | 마스카?
공연 | 은 | 몇 | 시 | 에 | 시작함 | (합니까)?

公演 は 何 時 に 終わり ますか?
코오엔 | 와 | 난 | 지 | 니 | 오와리 | 마스카?
공연 | 은 | 몇 | 시 | 에 | 끝남 | (합니까)?

请问 表演 几点 开始?
qǐng | wèn | biǎo yǎn | jǐ | diǎn | kāi shǐ?
칭 | 원 | 뱌오 옌 | 지 | 디엔 | 카이 스̀?
부탁하다[존칭] | 묻다 | 공연 | 몇 | 시 | 시작하다?

请问 表演 几点 结束?
qǐng | wèn | biǎo yǎn | jǐ | diǎn | jié shù?
칭 | 원 | 뱌오 옌 | 지 | 디엔 | 지에 쑤̀?
부탁하다[존칭] | 묻다 | 공연 | 몇 | 시 | 끝나다?

한국어		English	日本語	中文
쇼		show / 쑈우	ショー / 쇼-	表演 / 뱌오 옌
영화		movie / 무우비ᵛ	映画 / 에에 가	电影 / 띠엔 잉
연극		play / 플레이	演劇 / 엥 게키	话剧 / 화 쮜
뮤지컬		musical / 뮤우지컬	ミュージカル / 뮤-지카루	音乐剧 / 인 위에 쮜
영화관		movie theater / 무우비ᵛ 띠ᵗʰ어터ʳ	映画館 / 에에 가 캉	电影院 / 띠엔 잉 위엔
극장		theater / 띠ᵗʰ어터ʳ	劇場 / 게키 죠오	剧场 / 쮜 창ʳ
박물관		museum / 뮤지이엄	博物館 / 하쿠 부츠 캉	博物馆 / 보어 우 관
미술관		art museum / 아ʳ트 뮤지이엄	美術館 / 비 쥬츠 캉	美术馆 / 메이 쓔ʳ 관
도서관		library / 을라이브러뤼	図書館 / 토쇼캉	图书馆 / 투 쓔ʳ 관
표		ticket / 티킷	チケット / 치켇토	票 / 퍄오

126 입구가 어디인가요?
여기에서 사진 찍어도 되나요?

Where is the entrance?
웨어「 | 이즈 | 디 엔트뤈쓰?
어디 | 이다 | 그 입구?

Can I take pictures here?
캔 | 아이 | 테익 | 픽쳐「스 | 히어「?
할 수 있다 | 나 | 취하다 | 사진들 | 여기서?

入り口 は どこ ですか?
이리구치 | 와 | 도코 | 데스카?
입구 | 는 | 어디 | 입니까?

ここ で 写真 とって も いい ですか?
코코 | 데 | 샤싱 | 톹테 | 모 | 이이 | 데스카?
여기 | 에서 | 사진 | 찍어 | 도 | 좋다 | 입니까?

请问 入口 在 哪里?
qǐng | wèn | rù kǒu | zài | nǎ lǐ?
칭 | 원 | 루 커우 | 짜이 | 나 을리?
부탁하다[존칭] | 묻다 | 입구 | ~에 있다 | 어디?

可以 在 这里 照相 吗?
Kě yǐ | zài | zhè lǐ | zhào xiàng | ma?
커 이 | 짜이 | 쪄「 을리 | 쨔「오 씨앙 | 마?
~해도 된다 | ~에서 | 여기 | 사진을 찍다 | 의문?

127 여기서 사진 찍으면 안 돼요.
몰랐어요.

You can not take pictures here.
유우 | 캔 | 나앗 | 테익 | 픽쳐「ㅅ」 | 히어「.
너 | 할 수 없다 | 취하다 | 사진들 | 여기서.

I didn't know that.
아이 | 디든트 | 노우 | 댙트.
나 | 과거부정 | 알다 | 그것.

ここ は 撮影 禁止 です。
코코 | 와 | 사츠에에 | 킨시 | 데스.
여기 | 는 | 촬영 | 금지 | 입니다.

知り ません でした。
시리 | 마셍 | 데시타.
알음 | (하지 않습니다) | 였습니다.

不 可以 在 这里 拍照。
bù | kě yǐ | zài | zhè lǐ | pāi zhào.
뿌 | 커 이 | 짜이 | 쪄「 리 | 파이 쨔「오.
부정 | 할 수 있다 | ~에서 | 여기 | 사진 찍다.

我 不 知道。
wǒ | bù | zhī dào.
워 | 뿌 | 쯔「 따오.
나 | 부정 | 알다.

128 사진 좀 찍어 주세요.
치즈~! (사진 찍을 때)

Take a picture, please.
테익 | 어 픽쳐ㄹ | 플리이즈.
취하다 | 하나의 사진 | 부탁합니다.

Say cheese!
쎄이 | 치이즈!
말하다 | 치~즈!

写真 を とって もらえますか?
샤싱 | 오 | 톧테 | 모라에마스카?
사진 | 을 | 찍어 | 받을 수 있습니까?

チーズ!
치ー즈!
치즈!

可以 帮 我 照 张 相 吗?
kě yǐ | bāng | wǒ | zhào | zhāng | xiāng | ma?
커 이 | 빵 | 워 | 짜ㅗ | 쨩ㄹ | 씨앙 | 마?
할 수 있다 | 돕다 | 나 | 찍다 | 장 | 사진 | 의문?

茄子~!
qié zi~!
치에 즈~!
가지 (채소)~!

129 병원이 어디에 있나요?

구급차를 불러 주세요.

Where is the hospital?
웨어ᴿ ㅣ 이즈 ㅣ 더 하아스삐틀?
어디 ㅣ 이다 ㅣ 그 병원?

Ambulance.
앰뷸런스.
구급차.

病院 は どこ ですか?
뵤오잉 ㅣ 와 ㅣ 도코 ㅣ 데스카?
병원 ㅣ 이 ㅣ 어디 ㅣ 입니까?

救急車。
큐우큐우샤.
구급차.

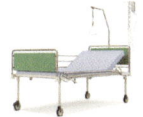

请 问 医院 在 哪里?
qǐng ㅣ wèn ㅣ yī yuàn ㅣ zài ㅣ nǎ lǐ?
칭 ㅣ 원 ㅣ 이 위엔 ㅣ 짜이 ㅣ 나 올리?
부탁하다[존칭] ㅣ 묻다 ㅣ 병원 ㅣ ~에 있다 ㅣ 어디?

救护车。
jiù hù chē.
찌우 후 쳐ʳ.
구급차.

130 여권을 잃어버렸어요.
경찰 좀 불러 주세요.

I lost my passport.
아이 | 을로오스트 | 마이 패쓰포어「트.
나 | 잃어버렸다 | 내 여권.

Please call the police.
플리이즈 | 코올 | 더 펄리이쓰.
부탁합니다 | 부르다 | 그 경찰.

パスポート を なくして しまい ました。
파스포-토 | 오 | 나쿠시테 | 시마이 | 마시타.
여권 | 을 | 잃어 | 해버림 | (했습니다).

警察 を 呼んで ください。
케에사츠 | 오 | 욘데 | 쿠다사이.
경찰 | 을 | 불러 | 주세요.

我 的 护照 丢 了。
wǒ | de | hù zhào | diū | le.
워 | 더 | 후 쨔「오 | 띠우 | 을러.
나 | 의 | 여권 | 잃어버리다 | 완료.

请 帮 我 叫 一下 警察。
qǐng | bāng | wǒ | jiào | yí xià | jǐng chá.
칭 | 빵 | 워 | 쨔오 | 이 씨아 | 징 챠'.
부탁하다 존칭 | 돕다 | 나 | 부르다 | 좀 ~하다 | 경찰.

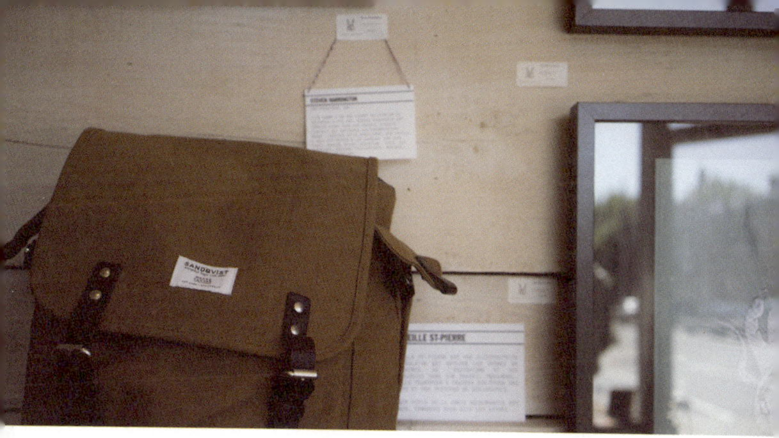

		🇬🇧	🇯🇵	🇨🇳
휴대폰		mobile phone 모우블 포'운	携帯電話 케에 타이 뎅 와	手机 셔'우 찌
여권		passport 패쓰포어'트	パスポート 파스포ー토	护照 후 쨔'오
지갑		wallet 워얼리잇	財布 사이 후	钱包 치엔 빠오
돈		money 머니	お金 오 카네	钱 치엔
가방		bag 배액	カバン 카방	包 빠오
신분증		ID card 아이디 카'드	IDカード 아이디 카ー도	身份证 썬' 펀' 쩡
약		medicine 메디쓰인	薬 쿠스리	药 야오
길		way 웨이	道 미치	路 을루

131 도와 주세요!

다쳤어요.

Help me!
헬프 | 미이!
도와주다 | 나를!

I am hurt.
아이 | 엠 | 허어「트.
나 | ~이다 | 부상.

助けて ください!
타스케테 | 쿠다사이!
도와 | 주세요!

怪我 し ました。
케가 | 시 | 마시타.
부상 | 함 | (했습니다).

请 帮 我!
qǐng | bāng | wǒ!
칭 | 빵 | 워!
부탁하다 [존칭] | 돕다 | 나!

我 受伤 了。
wǒ | shòu shāng | le.
워 | 셔「우 쌍「 | 울러.
나 | 다치다 | [완료].

132 나 감기 걸렸어.

열이 납니다.

I caught a cold.
아이 | 카앗 | 어 | 코울드.
나 | 잡았다 | 하나의 | 감기.

I have a fever.
아이 | 해브ᵛ | 어 | 피ᶠ이버ʳ.
나 | 가지고 있다 | 하나의 | 열.

風邪 引き ました。
카제 | 히키 | 마시타.
감기 | 걸림 | (했습니다).

熱 が あり ます。
네츠 | 가 | 아리 | 마스.
열 | 이 | 있음 | (합니다).

我 感冒 了。
wǒ | gǎn mào | le.
워 | 간 마오 | 울러.
나 | 감기 걸리다 | 완료.

我 发烧 了。
wǒ | fā shāo | le.
워 | 파ᶠ 샤ʳ오 | 울러.
나 | 열나다 | 변화.

133 나는 고혈압이에요.
나는 당뇨가 있어요.

I have high blood pressure.
아이 | 해브ᵛ | 하이 블러드 프뤠써ʳ.
나 | 가지고 있다 | 고혈압.

I have diabetes.
아이 | 해브ᵛ | 다이어비이티이즈.
나 | 가지고 있다 | 당뇨.

私 は 高血圧 です。
와타시 | 와 | 코오케츠아츠 | 데스.
나 | 는 | 고혈압 | 입니다.

私 は 糖尿病 です。
와타시 | 와 | 토오뇨오뵤오 | 데스.
나 | 는 | 당뇨병 | 입니다.

我 有 高血压。
wǒ | yǒu | gāo xuè yā.
워 | 여우 | 까오 쒸에 야.
나 | 있다 | 고혈압.

我 有 糖尿病。
wǒ | yǒu | táng niào bìng.
워 | 여우 | 탕 냐오 삥.
나 | 있다 | 당뇨병.

134 복용하는 약이 있어요?

나는 혈압약을 복용하고 있어요.

Are you taking any medicine?
아ˊ | 유우 | 테이킹 | 애니 메디쓰인?
이다 | 너 | 취하는 | 무슨 약?

I'm taking a medicine for high blood pressure.
아임 | 테이킹 | 어 메디쓰인 | 포ˊ어ˊ | 하이 블러드 프뤠쎠ˊ.
나는 ~이다 | 취하는 | 하나의 약 | ~을 위해 | 고혈압.

服用 して いる 薬 が あり ますか?
후쿠요오 | 시테 | 이루 | 쿠스리 | 가 | 아리 | 마스카?
복용 | 해 | 있다 | 약 | 이 | 있음 | (합니까)?

血圧 の ため の 薬 を 飲んで います。
케츠아츠 | 노 | 타메 | 노 | 쿠스리 | 오 | 논데 | 이마스.
혈압 | 의 | 위해 | 의 | 약 | 을 | 먹고 | 있습니다.

有 正在 服用 的 药 吗?
yǒu | zhèng zài | fú yòng | de | yào | ma?
여우 | 쩡ˊ 짜이 | 푸ˊ 용 | 더 | 야오 | 마?
있다 | 지금 | 복용하다 | ~의 | 약 | 의문?

我 在 吃 降压药。
wǒ | zài | chī | jiàng yā yào.
워 | 짜이 | 츠ˉ | 찌앙 야 야오.
나 | 하고 있다 | 먹다 | 혈압 강하제.

135 휴대전화가 고장 났어요.
휴대전화 좀 빌려줄 수 있어요?

My phone doesn't work.
마이 포「운 ㅣ 더즌트 ㅣ 워어「크.
내 전화기 ㅣ [부정] ㅣ 작동하다.

Could I borrow your phone?
쿠드 ㅣ 아이 ㅣ 버뤄우 ㅣ 유어「 포「운?
할 수 있다 ㅣ 나 ㅣ 빌리다 ㅣ 너의 휴대전화?

携帯 が 壊れ ました。
케에타이 ㅣ 가 ㅣ 코와레 ㅣ 마시타.
휴대전화 ㅣ 가 ㅣ 망가짐 ㅣ (했습니다).

携帯 を 貸して もらえますか?
케에타이 ㅣ 오 ㅣ 카시테 ㅣ 모라에마스카?
휴대전화 ㅣ 를 ㅣ 빌려 ㅣ 받을 수 있습니까?

手机 坏 了。
shǒu jī ㅣ huài ㅣ le.
셔「우 찌 ㅣ 화이 ㅣ 을러.
휴대전화 ㅣ 고장 나다 ㅣ [완료].

可以 借 一下 手机 吗?
kě yǐ ㅣ jiè ㅣ yí xià ㅣ shǒu jī ㅣ ma?
커 이 ㅣ 찌에 ㅣ 이 씨아 ㅣ 셔「우 찌 ㅣ 마?
할 수 있다 ㅣ 빌리다 ㅣ 좀 ~하다 ㅣ 휴대전화 ㅣ [의문]?

136 한국 대사관에 연락해 주세요.

통역이 필요해요.

Please contact the Korean embassy.
플리이즈 | 카안택트 | 더 커뤼이안 엠버쓰이.
부탁합니다 | 연락하다 | 그 한국의 대사관.

I need a translator.
아이 | 니이드 | 어 트뤤쓸레이터ㄹ.
나 | 필요하다 | 하나의 통역사.

韓国 大使館 に 連絡 して ください。
캉코쿠 | 타이시칸 | 니 | 렌라쿠 | 시테 | 쿠다사이.
한국 | 대사관 | 에 | 연락 | 해 | 주세요.

通訳 が 必要 です。
츠으야쿠 | 가 | 히츠요오 | 데스.
통역 | 이 | 필요 | 입니다.

请 联系 韩国 大使馆。
qǐng | lián xì | hán guó | dà shǐ guǎn.
칭 | 을리엔 씨 | 한 구어 | 따 스ㄹ 관.
부탁하다[존칭] | 연락하다 | 한국 | 대사관.

我 需要 一 名 翻译。
wǒ | xū yào | yì | míng | fān yì.
워 | 쒸 야오 | 이 | 밍 | 판ㄹ 이.
나 | 필요하다 | 하나 | 명 | 통역.

 English

0 지로 zero	1 원 one	2 투 two	3 뜨th뤼이 three	4 포'어' four	5 파f이브v five
10 텐 ten	11 일레븐v eleven	12 투웰브v twelve	13 떠th틴 thirteen	14 포'어틴 fourteen	15 피f프틴 fifteen
20 트웬티 twenty	21 트웬티 원 twenty one	22 트웬티 투 twenty two	23 트웬티 뜨th뤼이 twenty three	24 트웬티 포'어' twenty four	25 트웬티 파f이브v twenty five
30 떠th/v티 thirty	31 떠th/v티 원 thirty one	32 떠th/v티 투 thirty two	33 떠th/v티 뜨th뤼이 thirty three	34 떠th/v티 포'어' thirty four	35 떠th/v티 파f이브v thirty five
40 포'어'티 fourty	41 포'어'티 원 fourty one	42 포'어'티 투 fourty two	43 포'어'티 뜨th뤼이 fourty three	44 포'어'티 포'어' fourty four	45 포'어'티 파f이브v fourty five
50 피f프티 fifty	51 피f프티 원 fifty one	52 피f프티 투 fifty two	53 피f프티 뜨th뤼이 fifty three	54 피f프티 포'어' fifty four	55 피f프티 파f이브v fifty five
60 쓰익스티 sixty	61 쓰익스티 원 sixty one	62 쓰익스티 투 sixty two	63 쓰익스티 뜨th뤼이 sixty three	64 쓰익스티 포'어' sixty four	65 쓰익스티 파f이브v sixty five
70 쎄븐v티 seventy	71 쎄븐v티 원 seventy one	72 쎄븐v티 투 seventy two	73 쎄븐v티 뜨th뤼이 seventy three	74 쎄븐v티 포'어' seventy four	75 쎄븐v티 파f이브v seventy five
80 에잇티 eighty	81 에잇티 원 eighty one	82 에잇티 투 eighty two	83 에잇티 뜨th뤼이 eighty three	84 에잇티 포'어' eighty four	85 에잇티 파f이브v eighty five
90 나인티 ninety	91 나인티 원 ninety one	92 나인티 투 ninety two	93 나인티 뜨th뤼이 ninety three	94 나인티 포'어' ninety four	95 나인티 파f이브v ninety five

숫자 읽기

6 쓰<u>익</u>스 six	7 쎄븐V seven	8 에잇 eight	9 나인 nine	100 헌드뤠드 hundred
16 쓰<u>익</u>스티인 sixteen	17 쎄븐V티인 seventeen	18 에잇티인 eighteen	19 나인티인 nineteen	1,000 때th/r우젼드 thousand
26 트웬티 쓰<u>익</u>스 twenty six	27 트웬티 쎄븐V twenty seven	28 트웬티 에잇 twenty eight	29 트웬티 나인 twenty nine	10,000 텐 때th/r우젼드 ten thousand
36 때th/r티 쓰<u>익</u>스 thirty six	37 때th/r티 쎄븐V thirty seven	38 때th/r티 에잇 thirty eight	39 때th/r티 나인 thirty nine	100,000 헌드뤠드 때th/r우젼드 hundred thousand
46 포f어r티 쓰<u>익</u>스 fourty six	47 포f어r티 쎄븐V fourty seven	48 포f어r티 에잇 fourty eight	49 포f어r티 나인 fourty nine	
56 피f프f티 쓰<u>익</u>스 fifty six	57 피f프f티 쎄븐V fifty seven	58 피f프f티 에잇 fifty eight	59 피f프f티 나인 fifty nine	
66 쓰<u>익</u>스티 쓰<u>익</u>스 sixty six	67 쓰<u>익</u>스티 쎄븐V sixty seven	68 쓰<u>익</u>스티 에잇 sixty eight	69 쓰<u>익</u>스티 나인 sixty nine	
76 쎄븐V티 쓰<u>익</u>스 seventy six	77 쎄븐V티 쎄븐V seventy seven	78 쎄븐V티 에잇 seventy eight	79 쎄븐V티 나인 seventy nine	
86 에잇티 쓰<u>익</u>스 eighty six	87 에잇티 쎄븐V eighty seven	88 에잇티 에잇 eighty eight	89 에잇티 나인 eighty nine	
96 나인티 쓰<u>익</u>스 ninety six	97 나인티 쎄븐V ninety seven	98 나인티 에잇 ninety eight	99 나인티 나인 ninety nine	

영어로 숫자 말하기

■ 안에 있는 숫자를 먼저 읽어보자. 이 숫자들을 외우고 나면, 우리말처럼 큰 단위의 수부터 차례대로 읽기만 하면 된다.

■ 안에 있는 숫자들을 굳이 따로 외우지 않아도, 수많은 숫자를 조합해서 말할 수 있게 되는 것!

21 = 20 + 1
　　twenty　one
　　트웬티 원

39 = 30 + 9
　　thirty　nine
　　때th/r티 나인

Japanese

0 레에 れい	1 이치 いち	2 니 に	3 산 さん	4 시/욘 し/よん	5 고 ご
10 쥬우 じゅう	11 쥬우 이치 じゅういち	12 쥬우 니 じゅうに	13 쥬우 산 じゅうさん	14 쥬우 욘 じゅうよん	15 쥬우 고 じゅうご
20 니쥬우 にじゅう	21 니쥬우 이치 にじゅういち	22 니쥬우 니 にじゅうに	23 니쥬우 산 にじゅうさん	24 니쥬우 욘 にじゅうよん	25 니쥬우 고 にじゅうご
30 산쥬우 さんじゅう	31 산쥬우 이치 さんじゅういち	32 산쥬우 니 さんじゅうに	33 산쥬우 산 さんじゅうさん	34 산쥬우 욘 さんじゅうよん	35 산쥬우 고 さんじゅうご
40 욘쥬우 よんじゅう	41 욘쥬우 이치 よんじゅういち	42 욘쥬우 니 よんじゅうに	43 욘쥬우 산 よんじゅうさん	44 욘쥬우 욘 よんじゅうよん	45 욘쥬우 고 よんじゅうご
50 고쥬우 ごじゅう	51 고쥬우 이치 ごじゅういち	52 고쥬우 니 ごじゅうに	53 고쥬우 산 ごじゅうさん	54 고쥬우 욘 ごじゅうよん	55 고쥬우 고 ごじゅうご
60 로쿠쥬우 ろくじゅう	61 로쿠쥬우 이치 ろくじゅういち	62 로쿠쥬우 니 ろくじゅうに	63 로쿠쥬우 산 ろくじゅうさん	64 로쿠쥬우 욘 ろくじゅうよん	65 로쿠쥬우 고 ろくじゅうご
70 나나쥬우 ななじゅう	71 나나쥬우 이치 ななじゅういち	72 나나쥬우 니 ななじゅうに	73 나나쥬우 산 ななじゅうさん	74 나나쥬우 욘 ななじゅうよん	75 나나쥬우 고 ななじゅうご
80 하치쥬우 はちじゅう	81 하치쥬우 이치 はちじゅういち	82 하치쥬우 니 はちじゅうに	83 하치쥬우 산 はちじゅうさん	84 하치쥬우 욘 はちじゅうよん	85 하치쥬우 고 はちじゅうご
90 큐우쥬우 きゅうじゅう	91 큐우쥬우 이치 きゅうじゅういち	92 큐우쥬우 니 きゅうじゅうに	93 큐우쥬우 산 きゅうじゅうさん	94 큐우쥬우 욘 きゅうじゅうよん	95 큐우쥬우 고 きゅうじゅうご

숫자 읽기

6 로쿠 ろく	7 시치/나나 しち/なな	8 하치 はち	9 큐우/쿠 きゅう/く	100 햐쿠 ひゃく
16 쥬우 로쿠 じゅうろく	17 쥬우 나나 じゅうなな	18 쥬우 하치 じゅうはち	19 쥬우 큐우 じゅうきゅう	1,000 셍 せん
26 니쥬우 로쿠 にじゅうろく	27 니쥬우 나나 にじゅうなな	28 니쥬우 하치 にじゅうはち	29 니쥬우 큐우 にじゅうきゅう	10,000 망 まん
36 산쥬우 로쿠 さんじゅうろく	37 산쥬우 나나 さんじゅうなな	38 산쥬우 하치 さんじゅうはち	39 산쥬우 큐우 さんじゅうきゅう	100,000 쥬우 망 じゅう まん
46 욘쥬우 로쿠 よんじゅうろく	47 욘쥬우 나나 よんじゅうなな	48 욘쥬우 하치 よんじゅうはち	49 욘쥬우 큐우 よんじゅうきゅう	
56 고쥬우 로쿠 ごじゅうろく	57 고쥬우 나나 ごじゅうなな	58 고쥬우 하치 ごじゅうはち	59 고쥬우 큐우 ごじゅうきゅう	
66 로쿠쥬우 로쿠 ろくじゅうろく	67 로쿠쥬우 나나 ろくじゅうなな	68 로쿠쥬우 하치 ろくじゅうはち	69 로쿠쥬우 큐우 ろくじゅうきゅう	
76 나나쥬우 로쿠 ななじゅうろく	77 나나쥬우 나나 ななじゅうなな	78 나나쥬우 하치 ななじゅうはち	79 나나쥬우 큐우 ななじゅうきゅう	
86 하치쥬우 로쿠 はちじゅうろく	87 하치쥬우 나나 はちじゅうなな	88 하치쥬우 하치 はちじゅうはち	89 하치쥬우 큐우 はちじゅうきゅう	
96 큐우쥬우 로쿠 きゅうじゅうろく	97 큐우쥬우 나나 きゅうじゅうなな	98 큐우쥬우 하치 きゅうじゅうはち	99 큐우쥬우 큐우 きゅうじゅうきゅう	

일본어로 숫자 말하기

■ 안에 있는 숫자를 먼저 읽어보자. 이 숫자들을 외우고 나면, 우리말처럼 큰 단위의 수부터 차례대로 읽기만 하면 된다.

■ 안에 있는 숫자들을 굳이 따로 외우지 않아도, 수많은 숫자를 조합해서 말할 수 있게 되는 것!

25= 20 + 5
にじゅうご
니쥬우 고

87= 80 + 7
はちじゅう なな
하치쥬우 나나

 Chinese

0 울링 零	1 이 一	2 얼 二	3 싼 三	4 쓰 四	5 우 五
10 스 十	11 스 이 十一	12 스 얼 十二	13 스 싼 十三	14 스 쓰 十四	15 스 우 十五
20 얼스 二十	21 얼스 이 二十一	22 얼스 얼 二十二	23 얼스 싼 二十三	24 얼스 쓰 二十四	25 얼스 우 二十五
30 싼스 三十	31 싼스 이 三十一	32 싼스 얼 三十二	33 싼스 싼 三十三	34 싼스 쓰 三十四	35 싼스 우 三十五
40 쓰스 四十	41 쓰스 이 四十一	42 쓰스 얼 四十二	43 쓰스 싼 四十三	44 쓰스 쓰 四十四	45 쓰스 우 四十五
50 우스 五十	51 우스 이 五十一	52 우스 얼 五十二	53 우스 싼 五十三	54 우스 쓰 五十四	55 우스 우 五十五
60 울리우스 六十	61 울리우스 이 六十一	62 울리우스 얼 六十二	63 울리우스 싼 六十三	64 울리우스 쓰 六十四	65 울리우스 우 六十五
70 치스 七十	71 치스 이 七十一	72 치스 얼 七十二	73 치스 싼 七十三	74 치스 쓰 七十四	75 치스 우 七十五
80 빠스 八十	81 빠스 이 八十一	82 빠스 얼 八十二	83 빠스 싼 八十三	84 빠스 쓰 八十四	85 빠스 우 八十五
90 지우스 九十	91 지우스 이 九十一	92 지우스 얼 九十二	93 지우스 싼 九十三	94 지우스 쓰 九十四	95 지우스 우 九十五

숫자 읽기

6 을리우 六	7 치 七	8 빠 八	9 지우 九
16 스`을리우 十六	17 스`치 十七	18 스`빠 十八	19 스`지우 十九
26 얼스`을리우 二十六	27 얼스`치 二十七	28 얼스`빠 二十八	29 얼스`지우 二十九
36 산스`을리우 三十六	37 산스`치 三十七	38 산스`빠 三十八	39 산스`지우 三十九
46 쓰스`을리우 四十六	47 쓰스`치 四十七	48 쓰스`빠 四十八	49 쓰스`지우 四十九
56 우스`을리우 五十六	57 우스`치 五十七	58 우스`빠 五十八	59 우스`지우 五十九
66 을리우스`을리우 六十六	67 을리우스`치 六十七	68 을리우스`빠 六十八	69 을리우스`지우 六十九
76 치스`을리우 七十六	77 치스`치 七十七	78 치스`빠 七十八	79 치스`지우 七十九
86 빠스`을리우 八十六	87 빠스`치 八十七	88 빠스`빠 八十八	89 빠스`지우 八十九
96 지우스`을리우 九十六	97 지우스`치 九十七	98 지우스`빠 九十八	99 지우스`지우 九十九

100 바이 百
1,000 첸 千
10,000 완 万
100,000 스`완 十万

중국어로 숫자 말하기

■ 안에 있는 숫자를 먼저 읽어보자. 이 숫자들을 외우고 나면, 우리말처럼 큰 단위의 수부터 차례대로 읽기만 하면 된다.

■ 안에 있는 숫자들을 굳이 따로 외우지 않아도, 수많은 숫자를 조합해서 말할 수 있게 되는 것.

25 = 20 + 5
二十五
얼스 우

87 = 80 + 7
八十七
빠스 치

223